DUMONT

»Der Grundsatz, nach dem Ndaba erzogen wurde: Den Feind umarmen, um ihn dann zu besiegen.« Ronja Dittrich, ttt

Nelson Mandelas friedlicher Kampf gegen Unterdrückung und für soziale Gerechtigkeit hat die Welt verändert; sein Vermächtnis hat nichts an Aktualität eingebüßt. In ›Mut zur Vergebung‹ berichtet Ndaba Mandela erstmals von seinen Erfahrungen mit einem der größten politischen Köpfe der Menschheit, seinem Großvater Nelson Mandela. Es ist jene bahnbrechende Präsidentschaftszeit Mandelas, die Ndaba hautnah miterlebt und hier mit dem Leser teilt, jene Jahre, in denen der große Menschenrechtsaktivist konsequent und Ehrfurcht gebietend Vergebung lebt und damit ein tief verwundetes Land befriedet.

Was wir alle von seinem Großvater lernen können, davon erzählt Ndaba Mandela in diesem Buch und zeichnet ein intimes und aufrichtiges Porträt Nelson Mandelas.

Ndaba Mandela, geboren 1982, ist der Enkel Nelson Mandelas. Nach seinem Bachelor-Abschluss arbeitete er in der freien Wirtschaft. Anschließend konzentrierte er sich auf seine sozialpolitische Arbeit. 2009 gründete er die Stiftung *Africa Rising*, die jungen Afrikanern dabei helfen soll, ihren Kontinent wirtschaftlich und sozial weiterzuentwickeln. Als Botschafter für das Aids-Programm der Vereinten Nationen UNAIDS und leidenschaftlicher Redner auf vielen Foren kämpft er außerdem für bessere Zukunftschancen der afrikanischen Jugend. Ndaba Mandela lebt mit seiner Familie in Johannesburg, Südafrika.

NDABA MANDELA
MUT ZUR VERGEBUNG

Das Vermächtnis meines Großvaters
Nelson Mandela

Aus dem Englischen
von Katja Hald, Heide Lutosch
und Elsbeth Ranke

DUMONT

Juli 2019
DuMont Buchverlag, Köln
Alle Rechte vorbehalten
© Copyright 2018 by Ndaba Mandela
Die amerikanische Originalausgabe erschien 2018 unter dem Titel
›Going to the Mountain: Life Lessons From My Grandfather, Nelson
Mandela‹ bei Hachette, New York.
© 2018 für die deutsche Ausgabe: DuMont Buchverlag, Köln
Übersetzung: Katja Hald, Heide Lutosch, Elsbeth Ranke
Lektorat: Sibylle Auer
Umschlaggestaltung: Lübbeke Naumann Thoben, Köln
Umschlagabbildung: © privat
Satz: Fagott, Ffm
Gesetzt aus der Georgia und der DIN
Druck und Verarbeitung: CPI books GmbH, Leck
Gedruckt auf säurefreiem und chlorfrei gebleichtem Papier
Printed in Germany
ISBN 978-3-8321-6513-0

www.dumont-buchverlag.de

Der Kampf gegen die Apartheid kann als Angriff der Erinnerung auf das Vergessen bezeichnet werden. Wir waren fest entschlossen, uns an unsere Vorfahren, unsere Geschichten, unsere Werte und unsere Träume zu erinnern.

Nelson Mandela

INHALT

PROLOG

Eines der letzten Fotos meines Großvaters Nelson Mandela wurde an einem Samstagmorgen im Jahr 2013 in seinem Haus in Johannesburg aufgenommen, wenige Wochen vor seinem Tod. Auf dem Foto sitzt mein drei Jahre alter Sohn Lewanika auf der Armlehne des Sessels des Alten Mannes und mustert ihn mit großem Interesse. Mein Großvater hält mit einem schiefen Lächeln seine kleine Hand, so wie er auch meine gehalten hat, als ich ihm mit sieben Jahren im Victor-Verster-Gefängnis zum ersten Mal begegnet bin. Die Ähnlichkeiten, die ich in den beiden entdecke, lassen mich schmunzeln: der ganz besondere Haaransatz, die muschelförmigen Ohren oder die Fältchen, die sich in ihren Augenwinkeln bilden, wenn sie sich anlachen.

An jenem Samstagmorgen war der Alte Mann stiller als gewöhnlich. Er war fünfundneunzig Jahre alt und kämpfte mit einem hartnäckigen Husten. Dennoch zeugt seine Körperhaltung noch immer von einer enormen Willensstärke und die Art, wie er Lewanikas Hand hält, von seinem außergewöhnlichen Charakter. Mein Großvater liebte Kinder. Sobald sich ein Baby oder ein Kleinkind mit im Raum befand, waren Erwachsene für ihn Luft. Bis ans Ende seines Lebens wurde dieser große Mann – ein Revolutionsführer und Präsident, der den Lauf der Geschichte veränderte –

in der Gegenwart von Kindern genauso albern und weichherzig wie jeder andere Großvater und hatte nur noch Augen für die Kleinen.

Als ich selbst noch ein Kind war und nur ich und mein Großvater an unserem langen Esstisch saßen, sagte er mehr als nur einmal zu mir: »In all den Jahren im Gefängnis habe ich nie Kinderlärm gehört. Das hat mir am allermeisten gefehlt.«

Mein Großvater und ich hätten unterschiedlicher nicht sein können. Er wurde 1918 in Südafrika auf dem Land geboren, ich 1982 im urbanen Soweto. Er war ein Gigant, ein Nationalheld, den seine Bewunderer respektvoll mit seinem Klannamen »Madiba« ansprachen, ich ein schmuddeliges Kind, das auf der Straße leere Dosen vor sich herkickte. Ich war leicht zu übersehen, und die meisten Leute taten das auch, aber ein Kind zu ignorieren, egal, wie arm, schmuddelig oder unscheinbar es war, war nicht Madibas Art. Er sprach immer mit großem Bedauern und voller Sehnsucht davon, nicht da gewesen zu sein, als seine eigenen Kinder und Enkelkinder aufwuchsen. Den Großteil des Lebens meines Vaters – Makgatho Lewanika Mandela, Madibas zweiter Sohn mit seiner ersten Frau Evelyn Ntoko Mase – verbrachte der Alte Mann im Gefängnis. Ich glaube, indem er mich bei sich aufnahm und in allen praktischen Dingen quasi wie ein Vater für mich war, wollte er ein wenig davon wiedergutmachen. Aber wie so oft hatte unser Zusammenleben trotz Madibas guter Absichten auch einige Schattenseiten, mit denen er nicht gerechnet hatte. Dennoch ist es ihm und mir gelungen, die Berge, die uns trennten, irgendwie zu überwinden.

Seine Kinder, Enkel und Großenkel gaben Madiba sehr viel Hoffnung, weckten aber auch sein Verantwortungsgefühl und neuen Respekt gegenüber den alten Traditionen. Er sah in uns Zukunft und Vergangenheit zugleich: seine Nachkommen Seite an Seite mit seinen Vorfahren. Bis Lewanika auf die Welt kam und etwas später seine kleine Schwester Neema, hatte ich das nie richtig begriffen. Es dämmerte mir erst, als der Alte Mann schon über neunzig war und sich die Rollen, die wir jeweils im Leben des anderen spielten, langsam vertauschten. Als ich ein Kind war, war mein Großvater mein Beschützer und Versorger gewesen, und nun war ich seiner. Er wollte nicht, dass sich in seinen letzten Jahren Fremde um ihn kümmerten. Mein älterer Bruder Mandla und ich sollten ihn die Treppen hochtragen und seine Frau Graça ihm mit seinen persönlichen Bedürfnissen helfen. Verließ er das Haus, kümmerte ich mich um seine Sicherheit, und morgens, wenn er sich im Bett aufsetzte, brachte ich ihm die wichtigsten Zeitungen. Ich war immer an seiner Seite.

Oft sagte er zu mir: »Ndaba, ich denke darüber nach, den Rest meines Lebens am Ostkap zu verbringen. Würdest du mit mir kommen?«

»Ja, natürlich, Granddad«, antwortete ich.

»Gut. Gut.«

Er sollte jedoch nicht mehr an den Ort seiner Kindheit zurückkehren, was vielleicht auch daran lag, dass wir beide nie akzeptieren wollten, dass »der Rest« seines Lebens bereits begonnen hatte. Wenn es darum ging, wie viel Zeit ihm noch blieb, dachte ich immer in Jahren, und so waren seine letzten Tage eine brutale Überraschung für mich.

Er hatte auch mit Mitte neunzig noch nichts von seiner Lebensfreude eingebüßt, wurde in seinen letzten Jahren aber immer gebrechlicher, was ihn merklich frustrierte. Er konnte ziemlich streitsüchtig sein und die Krankenschwestern und Pfleger anschreien. Einmal schlug er einem Pfleger zum Entsetzen aller sogar ins Gesicht. Es war, als hätte der alte Boxer in ihm plötzlich die Schnauze voll gehabt von all dem Unsinn, und – *zack* – landete er einen überraschend kräftigen linken Haken, bevor irgendjemand kapierte, was überhaupt los war.

»Mach, dass du rauskommst!«, brüllte er den armen Kerl an. »Wenn du nicht sofort aus unserem Haus verschwindest, bekommst du es mit meinem Enkel zu tun! Ndaba! Holt den Stock!«

»Ruhig, Granddad.« Ich ging in solchen Situationen gleich dazwischen und versuchte, ihn zu beruhigen, auch wenn er manchmal kaum zu besänftigen war. Seine laute, tiefe Stimme brachte auch damals noch die Wände zum Wackeln. Für Leute, die ihn nicht so gut kannten, war dieses Verhalten oft verstörend, aber mich erinnerte es vor allem schmerzhaft daran, dass der Alte Mann tatsächlich *alt* wurde. Dennoch gestattete ich mir nie, darüber nachzudenken, wohin das alles noch führen konnte. Die Männer in meiner Familie wurden nicht wehmütig oder sentimental. Schon vor meiner Geburt hatte sich meine Familie über fünf Generationen der Apartheid und jeder anderen denkbaren Form von Unterdrückung und Gewalt erfolgreich widersetzt. Männer mit einer solchen Vergangenheit haben eine dicke Haut. Wir weichen nicht zurück. Wir schreiten voran.

Es gibt in unserer Kultur das *Ukuluka*, einen alten Beschneidungsritus, bei dem ein Xhosa-Junge zum Mann wird. Im entscheidenden Moment des *Ukuluka* schreien wir »Ndiyindoda!«, was so viel bedeutet wie »Ich bin ein Mann!«. Und von da an betrachten wir uns auch selbst als solchen.

Das *Ukuluka* (»auf den Berg gehen«) ist ein feierlicher Akt. Die teilnehmenden jungen Männer, die *Abakwetha,* sind in der Regel zwischen sechzehn und vierundzwanzig Jahre alt. Einen Monat lang unterziehen sie sich einer körperlichen und emotionalen Prüfung, die lebensgefährlich werden kann. Mein Großvater bezeichnete das *Ukuluka* als »einen Akt der Tapferkeit und des stoischen

Gleichmuts«. In dem Moment, in dem der für die Beschneidung zuständige *ingcibi* den entscheidenden Schnitt macht, ruft der Initiierte – und das hoffentlich aus voller Überzeugung, denn alles geschieht ohne Betäubung – »*Ndiyindoda!*«. Es ist tatsächlich ratsam, seine Angst nicht zu zeigen, denn jedes Zucken oder Zurückziehen kann verheerende Folgen haben. Eine Infektion kann tödlich sein, weshalb dieses Ritual, bei dem immer wieder junge Männer sterben, umstritten ist und über Generationen ein großes Geheimnis daraus gemacht wurde. Denn seien wir mal ehrlich: Wer unterzieht sich schon freiwillig einer solchen Prozedur, wenn er die Details kennt?

Ich will nicht lügen. Als Teenager graute mir vor dem Tag, an dem auch ich auf den Berg gehen würde, um meinen Erwachsenennamen und meinen Platz in der Welt zu erhalten. Zum Mann zu werden klang nach einer kaum zu bewältigenden Herausforderung, aber mein Großvater ließ mich unmissverständlich wissen, dass er genau das von mir erwartete. Er sagte jedoch nicht einfach nur: »Sei ein Mann!« In den Jahren, in denen ich bei ihm lebte – und auch in den Jahren, in denen ich nicht bei ihm lebte –, war er mir stets ein Vorbild, das ich nicht ignorieren konnte. Er machte mir deutlich, dass kein Ritual der Welt einen Jungen zum Mann machen kann und dass das *Ukuluka* letztendlich nur der äußere Ausdruck einer inneren Veränderung ist, die sich bereits vollzogen hat. Und tatsächlich war der innere Wandel auch für mich der weitaus schwierigere Teil.

Es war seltsam, nach dem Tod dieses großen Mannes feststellen zu müssen, dass von allem, was er mir gegeben und beigebracht hatte, die kurzen Augenblicke das größte Privileg waren. Seine Hand auf meinem Kopf, wenn ich einsam war oder mich fürchtete. Sein strenger Blick, wenn er mir bei Tisch eine Moralpredigt hielt. Sein schallendes Gelächter und seine theatralische Art, eine Geschichte zu erzählen. Er liebte es, Geschichten zu erzählen, vor allem die afrikanischen Volksmärchen, mit denen er aufgewachsen war.

Er hat sogar ein Kinderbuch veröffentlicht, *Meine afrikanischen Lieblingsmärchen*, in dessen Vorwort er schreibt: »Eine Geschichte ist eine Geschichte, und deshalb kann man sie so erzählen, wie es der eigenen Fantasie, dem eigenen Wesen oder der jeweiligen Umwelt entspricht; und wenn die Geschichte Flügel bekommt und zum Eigentum anderer wird, dann sollte man sie auch nicht aufhalten.«[1]

Mit diesen Worten bringt er nicht nur den innigen Wunsch zum Ausdruck, dass die Stimme der afrikanischen Geschichtenerzähler niemals sterben möge, sondern macht uns auch bewusst, dass sich die Geschichten selbst dafür weiterentwickeln und dem Ohr jedes neuen Zuhörers anpassen müssen.

In diesem Sinne erzähle ich auch die Geschichte dieses Buches – *Die Geschichte vom Leben mit meinem Großvater* – in Zusammenhang mit einigen der alten Xhosa-Geschichten und Sprichwörtern und hoffe, die wichtigsten Lebensweisheiten, die mir Madiba beigebracht hat, auf diese Weise mit meinen Lesern teilen zu können. Mit zunehmendem Alter sehe ich die beschriebenen Ereignisse in einem neuen Licht und verstehe, weshalb andere, die ebenfalls Zeugen dieser Ereignisse waren, sie vielleicht anders interpretieren als ich. Die menschliche Erinnerung ist noch viel veränderbarer und geheimnisvoller als all die alten Xhosa-Geschichten über mystische Ungeheuer, sprechende Spinnen und Flüsse mit einer Seele. Aber eine Geschichte offenbart unweigerlich das Herz des Geschichtenerzählers, weshalb selbst die fantastischsten Xhosa-Erzählungen stets eine sehr reale Wahrheit enthalten. Ich habe mich der Aufgabe, dieses Buch zu schreiben, in aller Bescheidenheit und in dem Bewusstsein gestellt, dass Menschen auf der ganzen Welt – auch meine Kinder – es lesen werden, und musste dabei an das kenianische Gebet für den Geist der Wahrheit denken: Mögen mich die Götter vor der Feigheit bewahren, mich neuen Wahrheiten nicht zu stellen, vor der Faulheit, mich mit Halbwahrheiten zu begnügen, und vor der Arroganz, zu glauben, die ganze Wahrheit zu kennen.

Die Geschichten der Xhosa enthalten viele Themen, die Madiba sein Leben lang beschäftigten und auch mich bis heute bewegen: Gerechtigkeit und Ungerechtigkeit, versteckte Wahrheiten, die offengelegt werden, schweres Unrecht, das gesühnt wird, faszinierende Wandlungen und geheimnisvolle Ereignisse. Der Meistergeschichtenerzähler Nongenile Masithathu Zenani, ein Bewahrer der mündlichen Tradition der Xhosa, sagt, die Macht eines Geschichtenerzählers liege in *ihlabathi kunye negama* (»in der Welt und im Wort«). Mein Großvater war der Ansicht, ein Mann habe dann Macht, wenn er seine eigene Geschichte verändern kann und dadurch die Welt.

Als ich ein Kind war, wurde meine Geschichte – mein kleines Universum – von zwei Dingen bestimmt: Armut und Apartheid. Dies änderte sich erst, als ich mit elf Jahren zu meinem Großvater kam, um bei ihm zu leben. Er half mir, die Welt mit anderen Augen zu sehen und meinen Platz in ihr zu finden.

Meine Kindheit war in vielerlei Hinsicht schrecklich, und meine Teenagerjahre waren schwierig. Ich tat mich schwer in der Schule und feierte wilde Partys, um das Aufbegehren der Massen und die quälende Abwesenheit meiner Eltern auszublenden. Einige meiner Entscheidungen brachen meinem Großvater das Herz, und einige seiner Entscheidungen brachen mir das Herz. Aber in all den Jahren waren wir uns immer treu verbunden. Er sah stets das Gute in mir und gab nicht auf, bis ich es beim Blick in den

Spiegel selbst erkannte. Für mich war er ein großer Mann, und ich arbeite hart daran, ein bisschen mehr zu sein wie er.

Ich glaube, dass die Worte meines Großvaters die Kraft haben, die Welt zu verändern, und damit meine ich sowohl die äußere Welt als auch die innere Welt, das unentdeckte Universum unserer persönlichen Möglichkeiten. Ich glaube, Madibas Weisheit – gelebt und vergrößert durch Sie und mich – hat noch immer das Potenzial, die Welt, in der wir leben und die unsere Kinder dereinst von uns erben werden, neu zu gestalten.

KAPITEL 1

Kude eBakuba, akuyiwanga mntu.

»Die ideale Stadt
liegt in weiter Ferne.«

Als ich meinen Großvater das erste Mal traf, war ich sieben und er einundsiebzig. In meinen Augen, wenn auch nicht in den Augen der Welt, war er ein alter Mann. Natürlich hatte ich unzählige Geschichten über den Großen Alten Mann gehört, aber ich war ein Kind, und diese Geschichten hatten für mich nicht mehr mit der Realität und mir selbst zu tun als die alten Xhosa-Volksmärchen, die meine Großtanten, Großonkel und all die anderen alten Leute in der Nachbarschaft erzählten: *Die Geschichte vom Kind mit dem Stern auf der Stirn. Die Geschichte vom Baum, der sich nicht umarmen ließ. Die Geschichte von Nelson Mandela, der vom Weißen Mann ins Gefängnis geworfen wurde. Die Geschichte des Massakers von Sharpeville.* Damals waberten die Fabeln und Volksmärchen durch die staubigen Straßen und vermischten sich mit den Nachrichten aus den Autoradios, so wie die Parabeln und Sprichwörter durch kleine Risse in die biblischen Geschichten schlüpften, die bei den Zeugen Jehovas in der Temple Hall erzählt wurden. *Die Geschichte von den Arbeitern im Weinberg* oder *Die Geschichten von Hiob und seinen vielen schweren Prüfungen.*

Mein Vater wuchs in den Straßen von Soweto auf, und man kann davon halten, was man will, aber ein Herumtreiber wie er ist nie um eine gute Geschichte verlegen. *Die Geschichte, wo ich letzte Nacht war* oder *Die Geschichte, wie ich eines Tages reich werde.* Die Erwachsenen um mich herum erzählten immer und immer wieder dieselben Geschichten, je nachdem, woran sie glaubten. Sie bliesen Zigarettenrauch in die Luft, kippten ein Bier nach dem anderen und schüttelten die Köpfe. *Bla, bla, bla.* Das war alles, was ich als Kind davon mitbekam. Ich hörte ihnen nicht wirklich zu und hatte auch nie das Gefühl, dass ihre Geschichten bei mir hängen blieben. Aber genau das taten sie. Sie krochen mir unter die Haut und brannten sich in meine Seele ein.

Ich war ein cleverer kleiner Junge mit wachem Verstand und viel Fantasie, habe aber nie wirklich begriffen, dass meine Familie das Zentrum eines globalen politischen Flächenbrands war. Ich wusste nicht, weshalb man mich andauernd von einem Ort an den nächsten brachte oder dass mich die Leute aufnahmen oder wegschickten, liebten oder hassten, weil ich ein Mandela war. Ich war mir nur vage bewusst, dass der Vater meines Dads ein sehr wichtiger Mann war, denn er kam häufig im Radio und im Fernsehen. Davon, wie wichtig er einmal in meinem Leben sein würde oder wie viel ich ihm schon damals bedeutete, hatte ich keine Ahnung.

Man sagte mir, er liebe meinen Vater und mich genau wie alle seine Kinder und Enkelkinder. Davon hatte ich aber noch nichts mitbekommen. Damals hatte ich allerdings auch noch nicht begriffen, dass es Leute gab, die glaubten, Madibas Liebe zu uns dazu benutzen zu können, um seine Tatkraft zu bremsen und seine Willensstärke mit Blut zu besudeln. Sie dachten, dass die Liebe zu seiner Familie vielleicht das fertigbringen würde, was das Steine-klopfen in der sengenden Hitze der südafrikanischen Sonne auf Robben Island nicht vermochte, und dass er unter ihrer Last zusammenbrechen würde. Sie täuschten sich. Dennoch gaben sie nicht auf und erlaubten im Juli 1989 einer großen Gruppe von Familienmitgliedern, ihn an seinem einundsiebzigsten Geburtstag zu besuchen. Für einen Mann, der seit fünfundzwanzig Jahren im Gefängnis war, muss das wie ein Tropfen Wasser auf der Zunge eines Verdursten-den gewesen sein, aber Madiba weigerte sich weiterhin, das politi-sche Feld zu räumen. Also gestatteten sie ihm sechs Monate später, am Neujahrstag 1990, nur ein paar Wochen nach meinem siebten Geburtstag, ein zweites Mal Besuch zu empfangen.

Mein Vater machte nicht viel Wind um die Sache. Er sagte ganz einfach: »Wir werden deinen Großvater im Gefängnis besuchen.« Damals war eine solche Ankündigung, als würde man sagen: »Spring ins Auto, wir schauen schnell bei Michael Jackson vorbei« oder »Zieh deine Schuhe an, wir besuchen Jesus Christus«. Denn zu-mindest die Leute im Fernsehen schienen überzeugt davon, dass mein Großvater eine Mischung aus beiden war, und so war dieser Besuch doch recht überraschend für mich. Aber in Afrika stellen Kinder keine Fragen. Mein Vater und meine Großmutter sagten »Wir gehen«, also gingen wir.

Niemand machte sich die Mühe, mir etwas zu erklären, aber das erwartete ich auch nicht. Dennoch brannte ich vor Neugier. Wie war es im Gefängnis? Würde wir mit Grandma Evelyn durch ein Gittertor und einen Betonflur entlanggehen bis auf einen von Stacheldraht umzäunten Hof? Würden schwere Eisentüren hinter uns zuschlagen? Würden sie daran denken, uns wieder hinauszu-lassen? Waren wir dort umzingelt von Mördern und Verbrechern? Würden meine Tanten mit ihren riesigen Handtaschen nach ih-nen schlagen, damit sie uns in Ruhe ließen?

Ich war bereit zu kämpfen, falls nötig. Ich würde mich und meine Familie verteidigen. Mit dem Stock war ich ganz gut, denn meine Freunde und ich arbeiteten schon seit Jahren an der Verbesserung unsere Stockkampfkünste und fochten in den dreckigen Straßen und zertrampelten Hinterhofgärten zahlreiche Kämpfe aus. Ich träumte gerne von großen Schlachten, aus denen ich als strahlender Held hervorging, und in den dreizehn Stunden, in denen wir in einem Konvoi aus fünf schlammverkrusteten Autos, vollgepackt mit Mandelas Ehefrauen, Kindern, Schwestern, Brüdern, Cousins und Cousinen, Tanten und Onkeln, Säuglingen und alten Leuten, von Johannesburg ins Victor-Verster-Gefängnis bei Kapstadt fuhren, hatte ich mehr als genug Zeit zum Träumen. Denn wie man sich unschwer vorstellen kann, zog sich unsere Reise ziemlich in die Länge.

Mir kam es vor, als führen wir eine Ewigkeit durch sanfte Hügellandschaften und weite Savannen, bis wir schließlich in die Hawekaberge kamen und bei Paarl, einer kleinen Stadt voller kapholländischer Häuser mit verschnörkelten Fassaden, Richtung Süden abbogen. Ich saß auf der Rückbank, kurbelte die Scheibe herunter und atmete den frischen Duft nasser Weinblätter und frisch gepflügter Erde ein. Bevor die Niederländische Ostindien-Kompanie in den 1950er-Jahren in diese Region kam, gehörte das Land über Jahrhunderte den *Khoikhoi*, einem wohlhabenden Volk von Rinderzüchtern. Nun beherrschten Weinberge die Landschaft, und den Berg, den die *Khoikhoi* »Schildkröte« nannten, hatten die Holländer in »Perle« umgetauft. Der Berg wusste von alledem natürlich nichts, und als Siebenjähriger stand ich ihm in meiner Ahnungslosigkeit in nichts nach. Ich sah die Weinberge, das saftige Grün und die ordentlich gepflanzten Reihen und akzeptierte es, ohne mir länger Gedanken darüber zu machen. Alles war, wie es sein sollte. Ich hinterfragte es nicht, denn wie jedem afrikanischen

Kind hatte man auch mir beigebracht, keine Fragen zu stellen. Doch nun, wo ich ein erwachsener Mann bin – ein Xhosa-Mann, ein afrikanischer Vater, Sohn und Enkel, frage ich mich schon: Wann haben sich Weinstöcke so tief in der Erde verwurzelt, dass sie »heimischer« sind als fünfhundert Generationen von Ochsen?

Obwohl er schon seit einigen Jahren tot ist, spricht aus dieser Art von Fragen die Stimme meines Großvaters. Es ist viel Zeit vergangen, seit ich damals zu ihm gezogen bin und wir uns in einer sich schnell drehenden Welt unsere Überzeugungen, was einen Mann ausmacht, gegenseitig zerstört haben und dann zu neuen gelangt waren. Aber ich höre und spüre immer noch seine polternde Stimme, und sie ruft in mir immer noch die alten Geschichten wach. Seine Stimme steckt mir in den Knochen, sie hat sich in meiner Seele abgesetzt wie Sedimente in einem Fluss, und nun, da ich älter werde, höre ich sie aus meiner eigenen Kehle sprechen. Seit man mir immer wieder sagt, ich klänge wie er, wäge ich meine Worte noch bedächtiger ab, vor allem in der Öffentlichkeit.

Am Eingang zum Gefängnis stand hinter einem eckigen weißen Torbogen eine kleine Wachhütte mit Schranke, daneben ein grünes Schild, auf dem in gelben Lettern VICTOR VERSTER CORRECTIONAL SERVICES und darunter *Ons dien met trost* (»Wir dienen mit Stolz«) zu lesen war. Wahrscheinlich wechselten meine Tanten angesichts der Ironie dieser Worte einen vielsagenden Blick, aber falls dem so war, bemerkte ich es nicht. Ich starrte ehrfürchtig zu den hoch vor uns aufragenden, felsigen Bergspitzen hinauf, während die Erwachsenen sich mit den Wächtern, die sich aus dem Fenster des Wächterhäuschens lehnten, unterhielten. Dann scheuchten die Wächter die zwei Dutzend Mandelas aus ihren Autos und in einen großen weißen Transporter. Auf den harten Bänken fuhren wir dicht aneinandergedrängt weiter, allerdings nicht zu dem großen, von hohen Mauern und Stacheldrahtrollen umgebenen Gefängnisgebäude. Stattdessen bogen wir ab in eine lange, ungeteerte Straße, die durch nicht viel mehr als ein paar Reifenspuren markiert war und in die hinterste Ecke des Gefängnisgeländes führte.

Der Transporter hielt vor einem Garagentor mit Rundbogen. Daran schloss sich ein hübscher lachsfarbener Bungalow an, beschattet von Palmen und Nadelbäumen. Wir stiegen alle aus. Meine Großmutter und meine Großtanten waren angezogen wie für einen Kirchgang oder ein besonderes gesellschaftliches Ereignis. In ihren leuchtend bunten Kleidern mit wilden Mustern hoben sie sich von der blassrosa Hauswand ab wie eine Schar exotischer Vögel. Mein Vater und die anderen anwesenden Männer, alle in Hemd und Krawatte, schüttelten, bevor wir zum Tor gingen, ihre sorgfältig zusammengefalteten Sakkos aus und zogen sie an.

Das Haus war umgeben von einer dekorativen Gartenmauer, die meinem Vater höchstens bis zur Schulter ging. Vor einem kleinen schmiedeeisernen Tor – mehr ein hübsches Gartentürchen als das scheppernde Eisentor, das ich mir vorgestellt hatte – wachten zwei Bewaffnete, die uns freundlich grüßten und hineinwinkten. Und dort stand er, mein Großvater. Ich konnte gerade noch einen kurzen Blick auf sein breites Lächeln erhaschen, bevor ein gigantischer Schwall von Zuneigung über ihn hinwegschwappte. Die Frauen weinten, rannten auf ihn zu, schlangen die Arme um ihn und riefen »*Tata! Tata!*«, was »Vater« bedeutet, während die Männer in aufrechter Haltung, mit erhobenem Kinn darauf warteten, dass sie an die Reihe kamen, den Alten Mann fest zu umarmen, seine Hand zu schütteln und ihm die Schultern zu drücken. Keine Tränen. Nur ein kräftiger Handschlag mit aufeinandergepressten Kiefern.

Die Kinder, einschließlich meines Bruders Mandla, meines Cousins Kweku und mir, hielten sich im Hintergrund, unsicher, wie sie sich verhalten sollten. Der Alte Mann war ein Fremder für uns, was ihm durchaus bewusst zu sein schien. Über die Köpfe unserer Eltern und Großeltern hinweg lächelte er uns zu, konnte es aber offensichtlich kaum erwarten, uns alle einzeln zu begrüßen und kennenzulernen. Als ich an der Reihe war, nahm er meine kleine Hand in seine, die riesig und warm war, und drückte sie.

»Wie heißt du?«, fragte er.

»Ndaba«, sagte ich.

»Ja, natürlich! Ndaba! Gut, gut.« Er nickte begeistert, als ob er mich wiedererkannt hätte. »Und wie alt bist du, Ndaba?«

»Sieben.«

»Gut. Gut. In welche Klasse gehst du? Bist du gut in der Schule?«
Ich zuckte die Achseln und sah zu Boden.

»Was möchtest du einmal werden, wenn du groß bist?«

Ich hatte auf diese Frage keine Antwort. Bisher war ich immer nur von einem zum Nächsten geschoben worden und hatte außer der Armut und den Problemen der Großstadtgettos nicht viel gesehen. Ich wollte mich auf gar keinen Fall blamieren, indem ich etwas so Dummes wie »Stockkämpfer« antwortete.

Der Alte Mann legte mir die Hand auf den Kopf und lächelte.

»Ndaba. Gut.«

Dann schüttelte er mir noch einmal die Hand, sehr förmlich und kräftig, und ging weiter, um das nächste Kind in der Reihe zu begrüßen. Ich muss gestehen, dass ich diesen bedeutsamen Moment damals gar nicht als solchen empfunden habe. Heute versuche ich oft, mich an meine Gefühle zu erinnern – seine Hand auf meinem Kopf, der beeindruckende Handschlag, die einschüchternde Länge seines Hosenbeins, der Geruch nach Leinen und Kaffee, als er sich zu mir herunterbeugte, um meine schüchterne Antwort besser hören zu können – aber leider erinnere ich mich an nichts. Alles ging irgendwie an mir vorbei. Ich habe in *Der lange Weg zur*

Freiheit zwar gelesen, was mein Großvater dazu geschrieben hat, aber was persönliche Familienangelegenheiten anging, war er immer sehr zurückhaltend. Das Haus im Victor-Verster-Gefängnis beschrieb er als eine »spärlich, aber gemütlich eingerichtete Hütte«. Als ich es las, musste ich laut lachen, denn für mich, ein Kind aus Soweto, war dieses Haus eine Luxusvilla.

Das dick gepolsterte Sofa und die dazu passenden Sessel erschienen mir wie rosafarbene Wolken, und das makellos saubere Badezimmer war genauso groß wie das Zimmer, das ich mir mit meinen Cousins teilte. Ein Weißer, der für meinen Großvater kochte und den Haushalt führte, ging ununterbrochen zwischen Wohnzimmer und Küche hin und her und tischte Teller und Schüsseln mit Essen und Körbe mit Brötchen auf. Hinter dem Haus gab es einen türkisblauen Swimmingpool, in den ich am liebsten sofort hineingesprungen wäre. Der Pool war umgeben von einer Gartenmauer, rechts und links davon standen Topfpflanzen. Später erzählte mir mein Großvater, dass die Gartenmauer mit Stacheldraht gesichert war, aber damals war ich entweder zu klein oder zu sehr damit beschäftigt, auf dem unglaublich grünen Rasen zu spielen, um es zu bemerken. Ich war so beeindruckt von dem Haus, dass ich das nächste Mal, als mich jemand fragte »Was möchtest du machen, wenn du groß bist?«, antwortete: »Ich will ins Gefängnis.«

Natürlich war ich damals davon ausgegangen, dass wir nach Robben Island fahren würden, um meinen Großvater in dem üblen Höllenloch zu besuchen, in dem er achtzehn Jahre verbracht hatte. Aber da die Antiapartheidbewegung weltweit immer größer wurde, hatten die Mächtigen beschlossen, Madiba in das Haus im Victor-Verster-Gefängnis zu verlegen. Sie wollten ihn von seinen Freunden trennen und so einen Keil zwischen die Mitglieder des Afrikanischen Nationalkongresses (ANC) treiben. Seine politischen Gegner hofften, seinen Kampfgeist untergraben zu können, indem sie ihm die Annehmlichkeiten eines kleinen, gemütlichen Zuhauses gewährten und ihm versprachen, er könne seine Familie sehen – seine Frau Winnie, die monatelang inhaftiert und gefoltert worden war, seine Kinder, die er nicht mehr gesehen hatte, seit sie klein waren, und seine Enkel, die er noch nicht einmal kannte. Aber seine Feinde unterschätzten ihn. Zwei weitere Jahre hielt er an seinem Entschluss fest und kämpfte unerbittlich weiter um die Zukunft Südafrikas, Runde um Runde. Es sollte noch einige Jahre dauern, bis mir bewusst wurde, dass ich und meine Cousins an jenem Tag mit hochgelegten Beinen in denselben Sesseln herumlümmelten, in denen mein Großvater regelmäßig mit mächtigen Staatsmännern in politische und ideologische Debatten verstrickt war, die schon bald den Lauf der Geschichte ändern würden.

Im Laufe des Tages versammelten sich die Erwachsenen in der Küche und im Esszimmer, so wie es die Erwachsenen immer taten, während wir Kinder es uns im Wohnzimmer auf dem Teppich gemütlich machten und *Die unendliche Geschichte* in den Videorekorder schoben. Ich erinnere mich noch vage an das An- und Abschwellen der Stimmen, das Gelächter und die lebhaften Diskussionen, in deren Zentrum immer der sonore Bass meines Großvaters stand, aber die Gespräche der Erwachsenen interessierten uns nicht.

Tatsächlich sind die Erinnerungen, die ich an dieses erste Zusammentreffen mit meinem Großvater habe, sehr verschwommen, und ich kann nur vermuten, wie er sich an jenem Tag verhalten hat. Aber da ich später, als ich bei ihm aufwuchs und miterlebte, wie er älter wurde, noch viele Tausend andere Tage mit ihm verbringen durfte, kenne ich sein Verhalten. Auch was die Details der Örtlichkeiten angeht, musste ich meiner Erinnerung etwas nachhelfen und auf die Eindrücke zurückgreifen, die ich erst kürzlich bei einem Besuch des inzwischen in *Drakenstein Prison* umbenannten Victor-Verster-Gefängnisses gewonnen habe. Das grüne Schild mit den leuchtend gelben Lettern existiert noch. Heute fällt es den Leuten allerdings ins Auge, wenn sie vor der überlebensgroßen Statue stehen, die meinen Großvater darstellt, wie er mit in den Himmel gereckter bronzener Faust das Victor-Verster-Gefängnis am 11. Februar 1990 als freier Mann verlässt. Das Bild, das ich von unserem Familienbesuch im Kopf habe, ist also nur eine Collage aus eigenen Erinnerungen, Zeitungsausschnitten und zahlreichen Gesprächen mit meinem Großvater, meiner Großmutter, Mama Winnie und anderen älteren Familienmitgliedern, die damals dabei waren. Aber an eine Sache erinnere ich mich noch ganz deutlich: an *Die unendliche Geschichte.*

Ein Xhosa-Geschichtenerzähler würde sie wahrscheinlich *Die Geschichte von dem Jungen, der die Welt vor dem Nichts rettete* nennen. Für alle, die weder den Film noch das Buch von Michael Ende kennen: Es geht um einen Jungen, der sich auf eine gefährliche Reise begibt, um eine unsichtbare Bedrohung – das Nichts – zu besiegen, das langsam aber stetig alles und jeden in der Welt verschlingt. Damit ihm das gelingt, muss der Junge nicht nur die unsichtbare Bedrohung stoppen, sondern zunächst einmal einen Weg finden, andere davon zu überzeugen, dass diese tatsächlich existiert. Er muss seine Mitmenschen zu der Einsicht bringen, dass alles, was verschwunden ist, wertvoll war und die Welt, die sie als »normal« empfinden, nicht ist, wie sie sein sollte – dass sich die Welt, wenn sie überleben will, *verändern muss.*

Im wahren Leben ist das nicht nur die Geschichte meines Großvaters Nelson Mandela, sondern, wie ich glaube, auch meine Geschichte. Und ich hoffe, Sie davon überzeugen zu können, dass es auch Ihre Geschichte ist.

Madiba und seinen Mitstreitern vom Afrikanischen Nationalkongress, Gandhi und seinen Anhängern, Dr. Martin Luther King und allen, die mit ihm marschiert sind – diesen Menschen ist es gelungen, die Ketten der Apartheid in Südafrika, der britischen Herrschaft in Indien und der Rassentrennung in den Vereinigten Staaten zu sprengen. Ihnen war klar, wie falsch und menschenverachtend Apartheid und Rassentrennung waren. Den Schwarzen sagte man: »Nein, in dieser oder jener Gegend dürft ihr nicht wohnen und auch nicht in diesem oder jenem Haus. Es ist zu nah bei den Weißen. Nein, diesen Bus könnt ihr nicht nehmen. Nein, es ist euch verboten, diesen Wasserhahn oder jene Toilette zu benutzen.« Diese Gesetze waren falsch, und die Richter, Polizisten und Gefängniswärter, die auf ihre Einhaltung pochten, waren im Unrecht. Wenn diese Menschen damals tatsächlich »mit Stolz dienten«, dann sollten sie heute zutiefst beschämt darüber sein. Denn jedes Gesetz, das die Bürger- oder Menschenrechte anderer verletzt, muss unseren angeborenen Sinn für soziale Gerechtigkeit beleidigen und wie Schmirgelpapier an unserem Gewissen scheuern. Und ich glaube, im Grunde tun diese Gesetze das auch, nur dass wir ziemlich gut darin sind, es zu ignorieren.

»Frei zu sein bedeutet nicht nur, die eigenen Ketten zu sprengen«, sagte mein Großvater. »Es heißt auch, die Freiheit anderer zu respektieren und zu fördern.«

Als mein Großvater und so viele andere auf der ganzen Welt für ihre Bürgerrechte kämpften und sich von den physischen Ketten der Apartheid und Rassentrennung befreiten, war der Feind noch leicht auszumachen. In der heutigen Welt führen junge Afrikaner – und junge Menschen überall auf der Erde – jedoch eine neue Art von Befreiungskampf, in dem es darum geht, die noch immer existierenden mentalen Ketten zu sprengen. Das ist ungleich schwerer, weil man an den Ketten, die allein in unseren Köpfen existieren, nicht zerren kann. Sie sind extrem schwer zu fassen, und wir können auch nicht mit dem Finger auf sie zeigen. Dennoch sind diese Ketten, deren Glieder aus großen und kleinen Ungerechtigkeiten geschmiedet sind, oft stärker als Eisen. Manchmal werden sie uns von der Welt angelegt, manchmal legen wir sie uns selbst an. Bob Marley singt in seinem *Redemption Song*: »*Emancipate yourself from mental slavery*« (»Erhebt euch aus der geistigen Versklavung«). Er erinnert uns daran, dass nur wir selbst unseren Geist befreien können.

Wenn ich auf meinen Reisen in die ganze Welt junge Brüder und Schwestern vom »amerikanischen Traum« sprechen höre – sie meinen damit ein großes Haus mit Swimmingpool, schicken Möbeln und Hausangestellten –, stelle ich jedes Mal fest, dass dieser Traum für mich ein Gefängnis ist. Und auch wenn ich in der Werbung und in Fernsehshows das ewige Gerede über unsere enge Sicht von Werten und Wohlstand höre, komme ich nicht umhin, an den jungen Afrikaner in Monrovia zu denken, der von einer Bibliothek träumt, an das Kind in Syrien, das davon träumt, in eine Schule mit einem Dach zu gehen, oder an den jungen Afroamerikaner, der angegriffen wird, wenn er sagt: »*My life matters*« (»Mein Leben zählt«). In diesen jungen Menschen – aber auch in Ihnen und in mir selbst, weil mir mein Großvater die Augen dafür geöffnet hat – sehe ich eine junge Generation, die die Welt neu erfinden wird.

»Manchmal fällt einer ganzen Generation das Schicksal der Größe zu«, sagte Madiba. »*Ihr* könnt diese große Generation sein. Also lasst eure Größe in aller Fülle erblühen.«

Ich wurde am 19. Dezember 1982 in Soweto geboren. Die Ehe meiner Eltern, beides starke Persönlichkeiten, war ziemlich turbulent, und obwohl sie gute Menschen waren, mussten sie hart dafür kämpfen, dass ihre Familie in einer Welt, in der sich alles gegen sie verschworen hatte, funktionierte. Als ich zwei war, zogen meine Eltern aus Soweto weg. In den schwarzen Vierteln war es aufgrund der Schikanen durch die Polizei und der gewalttätigen Proteste immer schwieriger geworden, und so zogen wir zu Grandma Evelyn, die in Cofimvaba, einer kleinen Stadt am Ostkap, ein Lebensmittelgeschäft hatte. Es war eine ländliche Gegend mit riesigen Flächen Ackerland, und wenn wir zur Schule gingen, teilten wir uns die Straße mit Kühen und Hühnern.

Grandma Evelyn war eine überzeugte Zeugin Jehovas, jeden Tag lasen wir gemeinsam aus der Bibel. Bereits vor dem Frühstück hielt sie eine kurze, zehnminütige Andacht, und vor dem Abendessen dauerte das Ganze dann sogar eine Dreiviertelstunde. Samstags und sonntags besuchte sie die Gottesdienste in der Temple Hall. Einmal, nach einem nicht enden wollenden dreistündigen Gottesdienst, erklärte ich ihr: »Da will ich nie wieder hin, Grandma.« Sie lachte und antwortete: »Das ist in Ordnung.« Sie wusste, dass ich zu Hause mehr als genug Predigten zu hören bekam.

Das Leben bei Grandma Evelyn war angenehm und geordnet. Sie war der Boss, aber meine beiden Eltern waren auch da. Mein Dad führte Grandma Evelyns Lebensmittelgeschäft, und ich konnte jederzeit hingehen und mir nehmen, was ich wollte – Chips, Bonbons oder Schokolade. Manchmal schickte er mich zum Zigarettenholen, und dann fühlte ich mich wie ein Großer. Zu meinem siebten Geburtstag kaufte er extra für mich ein Schaf, das wir schlachteten und grillten. Ich hatte noch nie etwas so Köstliches gegessen. Damals hatten meine Mom und mein Dad eine gute Zeit. Sie waren zusammen, jung und gesund, und wir waren eine glückliche Familie. In den Sommerferien kam immer Makaziwe (Tante Maki), die Schwester meines Vaters, mit meinen Cousins Dumani und Kweku zu Besuch. Kweku war drei Jahre jünger als ich, aber wir hatten sehr viel Spaß miteinander.

Alle sprachen isiXhosa, meine geliebte Muttersprache. In dem Film *Black Panther* sprechen die Bewohner der Fantasiewelt Wakanda auch isiXhosa, die Sprache, mit der mein Großvater und auch ich aufgewachsen sind. Seit der Film herauskam und weltweit Rekordsummen einspielte, findet isiXhosa wieder großes Interesse. Es hat mich nicht nur glücklich gemacht, zu sehen, wie der Funke übersprang und die Menschen durch den Film die wahre Schönheit und Stärke Afrikas wahrnahmen, sondern auch, meine Muttersprache auf der ganzen Welt zu hören. IsiXhosa ist eine recht theatralische Sprache mit Klick- und Knurrlauten und einer sehr melodiösen Betonung, wie man sie sonst nirgendwo auf der Welt findet. Um sie zu sprechen, braucht man den ganzen Körper und den Kiefer, nicht nur die Zunge.

Es gibt ein altes Xhosa-Lied, *Qongqothwane*, das in den 1960-er-Jahren durch Miriam Makeba berühmt wurde. Traditionell wird es auf Hochzeiten gesungen, um dem Brautpaar eine glückliche Ehe zu wünschen, aber für Europäer ist es nur der »Klick-Song«, wegen diesem prägnanten, perkussiven Konsonanten, der in europäischen Sprachen nicht existiert. IsiXhosa ist eine tonale Sprache, das heißt, ein und dieselbe Silbe bedeutet zwei komplett verschiedene Dinge, je nachdem, ob sie mit hoher oder tiefer Stimme gesprochen wird. Geschrieben erkennt man keinen Unterschied. Um diese Sprache wirklich zu verstehen, muss man sie leben.

Mit sieben fing ich an, Englisch zu lernen, und zog mit meinem Vater nach Durban. Warum meine Mutter damals nicht mit uns gegangen ist, weiß ich nicht. Ich kann mich nur erinnern, dass sie nicht da war und ich mir, wenn ich zu viele Fragen stellte, jedes Mal eine Ohrfeige einfing. Dad und ich wohnten bei der Familie von Walter Sisulu, einem ANC-Aktivisten, der mit meinem Großvater im Gefängnis saß. Seine Frau, Albertina Sisulu, eine Krankenschwester und ANC-Freiheitskämpferin, war Grandma Evelyns Cousine und beste Freundin. Die Leute nannten sie »Mutter der Nation«, aber für mich war sie immer Mama Albertina, die mich unter ihre Fittiche genommen hatte. Sie war großmütterlich, aber auch streng und gab sieben Kindern und mehreren Erwachsenen ein Zuhause. Es war sehr eng im Haus, und wir mussten uns alles teilen. Dennoch war die Stimmung meist entspannt, und es gab immer etwas zu essen, ein Luxus, den ich erst später zu würdigen wusste. Die Erwachsenen waren alle im ANC aktiv, weshalb wir Kinder von der herrschenden Atmosphäre – der Rhetorik, der Leidenschaft, der Entschlossenheit – zwangsläufig mitgerissen wurden. Das alles ging uns quasi in Fleisch und Blut über. Auch wir spürten Tag für Tag den Würgegriff der Apartheid, weshalb wir schon früh über Dinge wie Freiheit und Verantwortung nachdachten, und das auf einem Niveau, wie man es von Kindern in unserem Alter normalerweise nicht erwarten würde.

Weil der *Group Areas Act* während der Apartheid »Asiaten« und »Nichtweiße« in bestimmte Gegenden verbannte, lebten in Durban viele Südafrikaner indischer Abstammung – tatsächlich gab es dort mehr Inder als in jeder anderen Stadt außerhalb Indiens –, und man schickte mich auf eine muslimische Schule, die hauptsächlich von indischen Schülern besucht wurde. In meiner Klasse war ich das einzige schwarze Kind, was ziemlich hart war. Aber jammern war zwecklos. Die Erwachsenen im Haus hatten ihre eigenen Probleme, und so blieb mir nichts anderes übrig, als noch härter drauf zu sein als die Schlägertypen in meiner Schule.

Als Mom kam, um mich zu ihrem Bruder nach Soweto mitzunehmen, war ich erleichtert. Wir wohnten in einer Gegend, die einigermaßen okay war. Das Haus war winzig, aber es gab fließend Wasser, einen Herd mit zwei Flammen und das Allerwichtigste, meine Mom war da. Ich vermisste meinen Dad, aber auf der katholischen Schule in Johannesburg gefiel es mir. Für eine Weile wohnte ich bei der Familie meiner Mutter, dann wieder bei der meines Vaters, manchmal war ich bei meinem Dad, manchmal bei meiner Mom. Hin und wieder waren meine Eltern auch zusammen, aber ihre Beziehung wurde zunehmend gewalttätig. Manchmal hatte ich Angst, manchmal Hunger. Ich kann mich noch erinnern, dass man mich immer wieder zu den Nachbarn schickte, um zu fragen, ob sie nicht etwas zum Abendessen für mich hätten.

Einmal wurde ich auch für einige Zeit zu Mama Winnie und ihrer Familie geschickt, weil die ein bisschen mehr Geld hatten, um mich durchzufüttern. Winnie Mandela, die zweite Frau meines Großvaters und glühende Aktivistin des ANC, kannte man in ganz Südafrika. Die Regierung hatte ein Auge auf sie, und in den Jahren, in denen Madiba im Gefängnis saß, wurde sie ebenfalls gefangen genommen und gefoltert. Vermutlich wollte man dadurch indirekt auch meinen Großvater foltern, der in Robben Island einsaß und nichts für sie tun konnte. Aber selbst die Folter konnte Mama Winnies Willen nicht brechen, sondern sorgte bei ihr und dem Rest des ANC nur für noch mehr Entschlossenheit.

Jeder, der den Nachnamen Mandela trug, war der permanenten Kontrolle und den Schikanen der Regierung ausgesetzt, weshalb die Erwachsenen immer wieder neue, sichere Häfen suchen mussten. Wir Kinder zogen ohne zu klagen mit und versuchten, das Beste daraus zu machen.

Mama Winnie wohnte in Soweto, Ecke Vilakazi Street und Ngakane, in derselben Straße wie Erzbischof Desmond Tutu. 1999 wurde das Haus zum nationalen Erbe erklärt und ist heute ein Museum – Mandela House. Ich bin schon lange nicht mehr dort gewesen, aber die Vorstellung, dass nun Touristen dort ein und aus gehen und sich ansehen, wo wir zusammengepfercht gehaust und die Toilette mit einem Eimer Wasser gespült haben, ist befremdlich. In meiner Erinnerung war ich in diesem Haus extrem unglücklich, aber ich beschwerte mich nicht. Ich war dankbar, ein

Dach über dem Kopf und etwas zu essen zu haben. Dennoch vermisste ich ganz schrecklich meine Eltern. Ich hatte das Gefühl, in dem bereits überfüllten Haus nicht wirklich willkommen zu sein, und schlich mich immer wieder zurück ins Haus meines Vaters, der nicht weit entfernt auf der anderen Seite des Hügels wohnte. Schließlich erlaubte er mir, wieder bei ihm zu wohnen, und etwas später kam auch meine Mutter zurück. Wir lebten zusammen, aber meine Eltern stritten sich unerbittlich, und nach der Geburt meines kleinen Bruders Mbuso brachten sie kaum noch genügend Geld zum Leben zusammen.

Mit zehn hatte ich mich an dieses unruhige Leben und die unterschwellige Sorge gewöhnt, wusste aber auch, dass es trotz allem immer Menschen gab, die mich liebten. Tante Maki war für ein paar Jahre in den USA, um ihren Doktor in Anthropologie an der Universität von Massachusetts zu machen, und so war auch Kweku weg. Es fehlte mir, mit ihm abzuhängen, aber stattdessen hatte ich eine Clique von guten Freunden gefunden, mit der ich nun Jo'burg unsicher machte. Ich ging zu der Zeit auf das katholische Sacred Heart College, das seine Türen nach dem Aufstand von Soweto am 16. Juni 1976 auch für schwarze Kinder – oder eigentlich für Kinder aller Rassen – geöffnet hatte. An jenem Tag waren die schwarzen Schüler der Highschools auf die Straße gegangen, um gegen die Einführung von Afrikaans als Unterrichtssprache an den Schulen in der Region um Johannesburg zu protestieren. Ihr Protestmarsch wurde mit einer entsetzlichen Brutalität niedergeschlagen. Die Polizei, die die Kinder mit halb automatischen Waffen niedermähte, berichtete von 176 Toten, in Wahrheit war die Zahl der Opfer jedoch sehr viel höher – manche behaupten, es waren zwischen 600 und 700 Toten und über 1000 Verletzte. Die genauen Zahlen werden wir wohl nie erfahren, denn die Polizei ordnete an, dass alle Ärzte Schusswunden zu melden hatten, damit die verletzten Kinder strafrechtlich verfolgt werden konnten. Die Ärzte wiedersetzten sich dieser Anordnung und meldeten anstelle von Schusswunden und Verletzungen durch Schläge »Abszesse« und »Prellungen«.

Mehrere Stunden lang flammte die Gewalt immer wieder von Neuem auf, und die ganze Nacht patrouillierten Panzerfahrzeuge, die wir Hippos nannten, durch die Straßen. In vielen schwarzen Vierteln in Soweto und Johannesburg waren die Hippos mit ihrer unverkennbaren gelben Karosserie mit blauem Streifen ein vertrauter Anblick. Sie wurden entwickelt, um über Landminen zu fahren, weshalb es ihnen auch keinerlei Schwierigkeiten bereitete, Demonstranten zu überrollen. In ihrem Inneren hatten bis zu zehn Infanteristen Platz, die bei Bedarf hinten heraussprangen. Aber allein der doppelte Maschinengewehrgeschützturm eines Hippos war so einschüchternd, dass seine Insassen nur selten gezwungen waren auszusteigen.

Am Tag nach dem Aufstand fiel eine Einheit von fünfhundert Polizisten, ausgerüstet mit Elektroschockern und Schnellfeuergewehren, in Soweto ein. Auch die südafrikanische Armee war auf Abruf, um die Polizei gegebenenfalls zu unterstützen. Der Aufstand war niedergeschlagen, aber nichts würde je wieder sein, wie es war. Das Sacred Heart College reagierte, indem es eine Anzeige aufgab, in der es Schüler aller Rassen bei sich willkommen hieß. Es war eine der ersten Schulen, die das taten, weshalb viele Mitglieder des Afrikanischen Nationalkongress (ANC) ihre Kinder dorthin schickten. In jenen Jahren war der ANC eine große Familie. Wir Kinder begriffen nicht, in welch großer Gefahr wir schwebten, aber unsere Mamas waren wachsam und schlau. Sie wussten, dass ihre einzige Chance darin bestand, sich gegenseitig zu schützen und zu unterstützen. Die Enkelkinder von Walter Sisulu und Jacob Zuma, die mit meinem Großvater in Robben Island im Gefängnis saßen, waren meine Freunde, auch sie gingen auf das Sacred Heart College.

Meine Freunde und ich hörten viele Geschichten über den Aufstand von Soweto und andere Schlachten zwischen Demonstranten und der Polizei, und anstatt Räuber und Gendarm spielten wir Demonstrant und Polizei. Die Gewalt, die wir jeden Tag im Fernsehen sahen, lebten wir in unseren Stockkämpfen aus und prahlten damit, es mit der gesamten Armee aufzunehmen, sobald sie auch nur in die Nähe unseres Hauses käme.

An einem Herbsttag 1992 – der Sommer endet in Südafrika im April, also muss es Mai gewesen sein – spielten meine Freunde und ich draußen Fußball, als wir sahen, dass sich am Ende der Straße ein Protestmarsch formierte. Wir diskutierten kurz die möglichen Konsequenzen – schließlich waren wir noch in der Grundschule, ungefähr zehn Jahre alt und lebten in der ständigen Angst vor unseren Müttern, Großmüttern und Tanten, deren Zorn wir auf gar keinen Fall auf uns ziehen wollten –, doch dann entschieden wir: »Hey, wir sind Männer! Wir sind Krieger!« Und weg waren wir.

Es war kein großer Marsch, nur eine kleine passionierte Gruppe von ungefähr achtzig Männern und Frauen zwischen zwanzig und dreißig Jahren, die ihre Schilder hochhielten, sangen und ihre Parolen riefen. Wir schlossen uns ihnen an und marschierten mit. Wir sangen und riefen und waren ungefähr zwei oder drei Blocks weit gekommen, als vor uns ein massiger gelber Hippo um die Ecke bog. Der Geschützturm vollführte eine ruckartige Bewegung, und *Bam! Bam! Bam!* zischten Tränengaspatronen über unsere Köpfe hinweg. Sofort brach Chaos aus. Die Leute stoben schreiend auseinander und rannten blind vom Tränengas in alle Richtungen davon. Auf der Flucht vor dem Hippo stolperten einige und stürzten. Andere halfen ihnen wieder auf.

Wie eine kleine Schar aufgeschreckter Vögel rannten meine Freunde und ich, so schnell wir konnten, nach Hause. Wir waren nur ein paar Blocks von der Straße, in der wir den ganzen Morgen gespielt hatten, entfernt. Der Hippo röhrte und spuckte, dann blieb er an der Kreuzung kurz stehen. Ohne das Tempo zu drosseln, warfen wir einen kurzen Blick über die Schulter und rannten weiter. Unsere Augen tränten, unsere Kehlen waren staubtrocken, und der Rotz in unseren Nebenhöhlen brannte wie Lava. Hustend, spuckend und würgend erreichten wir unsere Haustür. »Nein, nein, ich weine nicht«, versicherten wir uns gegenseitig. Es war nur das Gas, weshalb unsere Augen tränten. Wir hatten keine Angst, im Gegenteil. Wir waren euphorisch! Es war ein erhebender Moment. Nun waren wir echte Kämpfer. Wir wussten, wie sich das Brennen von Tränengas anfühlte.

Das alles war eine Sache von wenigen Minuten und angesichts der allgemeinen Lage im Land völlig bedeutungslos. Wahrscheinlich wurde unser Protestmarsch nicht einmal in den Abendnachrichten erwähnt. Er war unter den unzähligen Protesten, Razzien und gewalttätigen Auseinandersetzungen, die tagtäglich stattfanden, nichts weiter als ein kleines Scharmützel. Nur in meiner Erinnerung ist dieser Marsch ein herausstechendes Ereignis: *Die Geschichte meiner ersten Begegnung mit Tränengas.* Die übrigens nicht die letzte sein sollte.

So war das Leben als Kind unter dem Apartheidregime. Die Polizei konnte jederzeit in ein schwarzes Viertel einfallen und in jeder x-beliebigen Straße jedes einzelne Haus durchsuchen. Wer Widerstand leistete, wurde geschlagen oder verhaftet. Nur indem sie die Schwarzen jahrzehntelang einschüchterte, arm hielt und mit der hässlichen Lüge ihrer Unterlegenheit zermürbte, war die weiße Minderheit in der Lage, die überwältigende schwarze Mehrheit zu kontrollieren. Es gab auch ein paar wenige Weiße, die die

Apartheid hassten und wussten, dass sie falsch war. Und unter logistischen und ökonomischen Aspekten betrachtet, war die Apartheid ganz offensichtlich auch nicht zukunftsfähig. Die Mächtigen wussten das. Sie wussten, dass die Apartheid eines Tages enden würde, sie wussten bloß nicht, wie. Ihrer Ansicht nach konnte sie nur in schrecklicher Gewalt enden, denn das war schließlich der einzige Weg, sie aufrechtzuerhalten.

In der Zwischenzeit vollzog sich weltweit eine kulturelle Revolution. Mein Großvater wurde im August 1962 verhaftet und kam im Februar 1990 wieder frei. In den fast achtundzwanzig Jahren, die er in Haft verbrachte, hatte sich die Welt komplett verändert. Stellen Sie sich einfach zwei Kinder vor: Das eine schaut sich auf einem Schwarz-Weiß-Fernseher *Bugs Bunny* an, das andere auf seinem Computer *Sponge Bob*. Oder vergegenwärtigen Sie sich den Unterschied zwischen der Musik von Chubby Checker, der den Twist tanzte, und Dr. Der und seinem Album *The Chronic*. Da waren die Beatles. Der Vietnamkrieg. In Europa und den USA wurde die Integration gesetzlich geregelt. MTV sorgte für Aufsehen, und jede Disco von Soweto bis Schweden spielte Michael Jackson und Prince. Der Eiserne Vorhang fiel. Die Berliner Mauer fiel. Die Sowjetunion zerbrach in ihre Einzelteile. Angetrieben von einem Tornado technologischen Fortschritts, hat eine neue Generation von Künstlern und Musikern, Schriftstellern und Club Kids, Punkern und jugendlichen Rebellen in einer gewaltigen kulturellen Revolution die Welt umgekrempelt.

Als die 1980er-Jahre anbrachen, wurde die weiße Regierung Südafrikas weltweit angeprangert. Es war höchste Zeit für eine Veränderung. Die Regierung wusste das, fürchtete sich aber davor. Was würde geschehen, wenn sie den Fuß vom Nacken der schwarzen Bevölkerung nahm – die zudem zehnmal so groß war wie die weiße? Wie konnten Menschen, die derart unterdrückt und misshandelt wurden, anders reagieren, als mit gerechtem Zorn? Die Mächtigen wussten, dass Mandela, der großen Einfluss hatte, immer wieder zu Frieden und Vergebung aufgerufen hatte. Aber würde diesem Gerede von Versöhnung noch irgendjemand Beachtung schenken, wenn es eine Gelegenheit gab, Rache zu üben? Der Glaube an einen Sieg der Macht der Vergebung über die Macht der Gewalt erfordert ein enormes Gottvertrauen. Manche würden auch sagen eine gehörige Portion Naivität.

Es gibt ein altes Xhosa-Sprichwort – *Kude eBakuba, akuyiwanga mntu* –, das grob übersetzt so viel bedeutet wie: »die perfekte Stadt«, oder auch »Utopia«, »liegt in weiter Ferne«. Niemand ist je dort gewesen. Aber das bedeutet nicht, dass diese Stadt nicht existiert oder in Zukunft existieren könnte. Vielleicht bedarf es großer Anstrengungen und Mühen, dort hinzugelangen, aber es lohnt sich, auf die große Vision von Frieden und Gleichheit hinzuarbeiten.

Als ich meinen Großvater kennenlernte, war er dem Ende seines Lebens schon sehr viel näher als dem Anfang. Einundsiebzig Jahre voller Erinnerungen, Erfahrungen und Möglichkeiten lagen bereits hinter ihm, aber er hatte noch immer seine Ideale, ebenso wie seine Entschlossenheit und unerschütterliche Lebensfreude. Er wusste, die Dinge würden sich verändern. In einem BBC-Interview sagte er: »Für mich ist es nicht wichtig, ob ich das noch mitbekomme oder nicht, aber wir stehen definitiv kurz davor, und diese Gewissheit treibt mich an.«

Die Entlassung meines Großvaters aus dem Gefängnis im Jahr 1990 war ein großes Ereignis. Fast die gesamte Familie war da, um ihn zu begrüßen. Für mehr als einen kurzen Handschlag blieb allerdings kaum Zeit, bevor ein riesiger Pulk von Gratulanten ihn verschluckte. Überall, wo er hinkam, wurde er gefeiert, und Tausende von Menschen, die ihn liebten und auf eine kurze Berührung oder einen Blick in das vorüberfahrende Auto hofften, warteten auf ihn. Eine Welle der Euphorie ergriff Südafrika, aber natürlich veränderten sich die Dinge nicht einfach so über Nacht, und die Apartheid war überall noch deutlich zu spüren. Dieser Kampf musste erst noch gewonnen werden.

Mein Großvater erzählte oft und gern die Geschichte eines großen Kriegers. Es gibt verschiedene Versionen davon, aber Madiba erzählte sie im Wesentlichen folgendermaßen:»Vor langer Zeit lebte ein tapferer Buschmann, der gegen die Buren kämpfte. Er kämpfte ausdauernd und unnachgiebig, obwohl seine Gegner Gewehre hatten und er nur Pfeil und Bogen. Er sah, wie seine Kameraden einer nach dem anderen fielen, bis er der Letzte war, der noch kämpfte. Dennoch gab er nicht auf, bis er am Rand einer Klippe stand und nur noch einen Pfeil im Köcher hatte. Die Buren sahen das und waren beeindruckt, dass er immer noch kämpfte, obwohl er der Letzte war. Sie schwenkten die weiße Flagge und riefen: ›Hey, es ist vorbei. Wir haben dein Volk besiegt. Du kannst nichts mehr tun. Leg deine Waffe nieder und ergib dich. Komm zu uns. Wir geben dir etwas zu essen und Wasser und machen Schluss für heute.‹ Der Buschmann hob den Bogen, verschoss seinen letzten Pfeil und sprang von der Klippe.«

Schon als Kind hatte ich begriffen, dass es in dieser Geschichte um die Entscheidung zwischen Selbsterhalt und der Verpflichtung gegenüber einer Sache geht, die größer ist als man selbst. Während seines Prozesses 1964 sagte Madiba:»Ich habe gegen eine weiße Vorherrschaft gekämpft, ich habe gegen eine schwarze Vorherrschaft gekämpft. Mein teuerstes Ideal ist eine demokratische und freie Gesellschaft, in der alle in Harmonie und mit den gleichen Chancen leben. Für dieses Ideal will ich leben und hoffe, es eines Tages zu erreichen. Aber sollte es nötig sein, bin ich auch bereit, dafür zu sterben.«

Das war weder eine pathetische Übertreibung noch leeres Gerede. Er glaubte damals tatsächlich, dass die Regierung ihn und seine Mitstreiter als Terroristen hängen würde. Es war der Moment der Wahrheit, der Moment, in dem es galt, von der Klippe zu springen. Diese Männer schätzten sich am Ende des Prozesses *glücklich*, nur für den Rest ihres Lebens ins Gefängnis zu müssen.

Sie waren todesmutig von der Klippe gesprungen und sollten siebenundzwanzig lange Jahre fallen, bis am Ende das Unerwartete geschah: Sie wurden von Millionen von Menschen aufgefangen, die wie sie an die Vision des ANC von einem demokratischen und freien Südafrika glaubten. Dafür waren sie bereit gewesen zu sterben. Noch viel wichtiger war jedoch, dass sie auch bereit waren, dafür zu leben. Sie waren bereit, aufzustehen und anzuprangern, bereit, an ihren Idealen festzuhalten, bereit, Opfer zu bringen.

»Unser Volk verlangt nach Demokratie«, erklärte Madiba 1990 vor einer Versammlung des amerikanischen Kongresses. »Unser Land, das noch immer blutet und leidet, braucht Demokratie.«

KAPITEL 2

Umthi omude ubona umoya onzima.

»Der höchste Baum ist dem
stärksten Wind ausgesetzt.«

Die vier Jahre nach Madibas Entlassung aus dem Gefängnis, in denen er die ganze Macht und Stärke des Volkes hinter sich konzentrierte und sehr hart dafür arbeitete, geordnete Wahlen und einen friedlichen Wechsel von der Apartheid in die Demokratie zu sichern, waren wohl einige der turbulentesten in der Geschichte meines Landes und meiner Familie. Seine Arbeit ließ ihm nur wenig Gelegenheit, die Familienbande, die mit seiner Inhaftierung gekappt worden waren, neu zu knüpfen.

Im Laufe der Jahre hat mir mein Großvater immer wieder erklärt, seine Familie habe, während er im Gefängnis war, mehr gelitten als er. Später schrieb er in seiner Autobiografie *Der lange Weg zur Freiheit*, er sei vom Mann zum Mythos geworden, »... und dann kehrte dieser Mythos heim und ließ erkennen, dass er letztlich nur ein Mann war«.[2] Auf der Hochzeit meiner Tante Zindzi sagte er in seiner Brautvater-Rede, seine Kinder hätten gewusst, dass sie einen Vater hatten, der eines Tages zurückkommen würde, und das habe er auch getan. Doch dann habe er sie alleingelassen, weil er der Vater der Nation geworden war.

»Vater einer Nation zu sein ist eine große Ehre«, sagte Madiba, »doch der Vater einer Familie zu sein ist eine größere Freude. Doch es war eine Freude, von der ich viel zu wenig verspürt hatte.«[3]

Nach dem Familienbesuch im Victor-Verster-Gefängnis sah ich Madiba erst im Jahr 1993 wieder. Da war ich elf. Eines Nachmittags rollte ein schwarzer BMW in das heruntergekommene Viertel in Soweto, in dem ich lebte, und hielt vor dem Haus in der Vilakazi Street. Der Fahrer stieg aus und bat mich, ins Auto zu steigen. Ich hatte diesen Kerl noch nie gesehen und dachte: *Ernsthaft? Soll das ein Witz sein?* Da kommt von irgendwoher ein Auto angefahren, ein Fremder steigt aus und sagt dir, du sollst einsteigen? Das konnte doch nicht sein.

Was ich nicht wusste: Es war Mike Maponya, Madibas langjähriger Vertrauter, Angestellter und Freund. Es heißt, nachdem mein Großvater aus dem Gefängnis entlassen worden war, habe ihn zunächst Mikes Onkel durch die Gegend gefahren, der aufgrund des vollen Terminkalenders Madibas aber bald überfordert war und den Job an seinen Neffen Mike weitergab. Madiba mochte Mike, und so blieb dieser über zwanzig Jahre sein Fahrer. An jenem Tag hatte er den Auftrag, mich abzuholen. Das Problem war nur, mir hatte das niemand gesagt.

»Dein Großvater schickt mich«, sagte er. »Ich soll dich abholen. Du weißt doch, wer dein Großvater ist, oder?«

Ich dachte: *Klar weiß ich, wer mein Großvater ist. Aber ich weiß nicht, wer du bist, Mann.*

Meine Eltern waren noch nicht von der Arbeit zurück, und meinen Großvater hatte ich nicht mehr gesehen, seit man ihn vor drei Jahren aus dem Gefängnis entlassen hatte. Mit diesem Typ würde ich nirgendwohin gehen. Man hatte mir jedoch beigebracht, Erwachsenen gegenüber höflich zu sein, also sagte ich: »Es tut mir leid, Sir. Aber ich kann nicht mit Ihnen kommen.«

»Was? Das ist jetzt nicht dein Ernst. Spinnst du?« Der Typ öffnete die Wagentür und sagte ziemlich bestimmt: »Steig ein, Junge.«

Ich stand auf dem Bürgersteig, rührte mich nicht von der Stelle und versuchte, möglichst tough auszusehen. Er wurde wütend und fing an, mich anzuschreien.

»Willst du, dass ich meinen Job verliere?«

»Nein.«

»Okay, dann steig endlich ein! Wir haben nicht den ganzen Tag Zeit.«

»Nein.«

So ging das eine Weile hin und her, bis er schließlich begriff, dass ich nicht einsteigen würde und es auch keine gute Idee war, zu versuchen, mich gegen meinen Willen ins Auto zu verfrachten. Dafür war ich schon zu groß. Also stieg er wieder ein, schlug die Tür zu und brauste unter den Blicken der gesamten Nachbarschaft in einer Wolke aus gelbem Staub davon.

Als mein Vater nach Hause kam, erzählte ich ihm, was passiert war. Er hörte zu, war aber weder überrascht noch irgendwie aufgebracht. Alles, was er sagte, war: »Wenn dieser Mann wiederkommt, gehst du mit ihm.«

Mir schwirrten eine Million Fragen durch den Kopf. Wohin sollte ich denn mitgehen? Das letzte Mal, als ich meinen Großvater gesehen hatte, wohnte er in diesem Gefängnishaus, Hunderte von Meilen entfernt. Ich wusste, dass man ihn entlassen hatte, aber wo wohnte er jetzt? Wie lange sollte ich dort bleiben? Wie würde ich wieder nach Hause kommen? Er war jetzt der Präsident des ANC, musste also ein ziemlich cooles Haus haben. Gab es dort auch einen Swimmingpool? Wie sah es mit einem Videorekorder aus? Oder mit Nintendo? Es war durchaus möglich, dass es dort einen Nintendo gab.

Plötzlich war das Ganze völlig okay für mich. Ich würde so lange bleiben wie nötig, auch wenn es eine oder zwei Wochen dauern sollte.

Ein paar Tage später fuhr Mike wieder mit dem BMW vor. Das Verabschieden konnte ich mir sparen, denn es war sowieso niemand zu Hause, und so schnappte ich meinen Rucksack und stieg ins Auto. Ich wusste nun, dass wir zu meinem Großvater in sein Haus nach Houghton, einem wohlhabenden Stadtteil im Nordwesten Johannesburgs, fahren würden, und hatte mir gedacht, wenn ich über Nacht bleiben sollte, würde ich sicher meine Schulbücher, ein Paar saubere Socken und noch ein paar andere Dinge brauchen.

Als wir durch unser Viertel fuhren, zeigten ein paar meiner Freunde, die auf der Straße spielten, mit dem Finger auf den dicken schwarzen Wagen und johlten. Ich kann mich an nicht sehr viel erinnern, aber ich weiß, dass ich mich in dem Auto wie ein König fühlte. Mein altes Viertel war ein besserer Slum, und als wir uns nach ungefähr einer halben Stunde Autofahrt Houghton näherten, wurde die Gegend merklich hübscher. Schließlich bog Mike in die Einfahrt eines riesigen cremeweißen Anwesens ein, nachdem ein elektrisches Tor wie von Geisterhand zur Seite geglitten war und uns eingelassen hatte. Mike parkte vor der Garage, ich stieg aus und wusste nicht so recht, was ich tun sollte.

»Hunger?«, fragte Mike.

Ich nickte.

»Geh ruhig rein.« Er deutete auf die Tür und folgte mir in die Küche, wo zwei Frauen mit Küchenarbeiten beschäftigt waren. Eine hielt kurz inne, um mich von Kopf bis Fuß zu mustern.

»Mama Xoli. Mama Gloria.« Mike schob mich vor sich her in ihre Richtung. »Der Enkel.«

»Hast du auch einen Namen?«, wollte Mama Xoli wissen.

»Ndaba.«

Sie nickte, setzte mich an den Tisch und stellte mir ein Abendessen vor die Nase. Ich weiß nicht mehr, was es genau war, aber ich habe es als das beste und leckerste Gericht in Erinnerung, das man mir je vorgesetzt hatte. Ich war an vergleichsweise bescheidene Kost gewöhnt, wie Reis mit Ketchup oder Ähnliches. In der großen Küche im Haus meines Großvaters standen Schalen mit frischem Obst und Gemüse, und auf dem Herd köchelte etwas, das ganz unglaublich roch.

Ich glaube, an diese Küche hat jedes einzelne Mitglied unserer Familie seine eigene süße oder würzige Erinnerung, und viele dieser Erinnerungen findet man auch in Mama Xolis Kochbuch *Ukutya Kwasekhaya: Tastes from Nelson Mandela's Kitchen.* (*Ukutya Kwasekhaya* bedeutet so viel wie »Hausmannskost«.)

Mama Xoli war eine typische Afrikanerin, stämmig und freundlich, und obwohl sie die Körperfülle eines Nilpferds hatte, hielt sie das nicht davon ab, immer ein wenig zu tanzen, wenn sie in ihren Töpfen auf dem Herd rührte oder auf einem Holzbrett Gemüse schnippelte.

Xoliswa Ndoyiya, Mama Xolis richtiger Name, war am Ostkap aufgewachsen und lernte das Kochen von ihrer Mutter und ihren Großmüttern, weshalb sie eine Meisterin in der Zubereitung all der traditionellen Gerichte war, die mein Großvater so sehr liebte. Sie hatte jahrelang als Köchin gearbeitet, anfangs für verschiedene Familien, dann in einem jüdischen Altenheim. Sie konnte einfach alles zubereiten, von koscheren Kartoffellatkes bis zu *umphuphokoqo*, einem leckeren, krümeligen Maisbrei.

»Mit diesem *umphuphokoqo* hat meine Großmutter mir ihre Hoffnungen und Träume eingeflößt«, sagte sie jedes Mal, wenn sie eine Schüssel davon vor mir auf den Tisch stellte. »Und Tata Mandela sagt, wenn ich ihm *umphuphokoqo* mache, muss er immer an seine Mutter denken und wie sie es ihm mit viel Liebe zubereitet hat.«

Ich bin überzeugt davon, dass Liebe auch Mama Xolis geheime Zutat war. Alles, was sie für mich und meine Familie kochte, angefangen bei einem Sandwich bis hin zum üppigen Weihnachtsessen, war voller Zuneigung und Geschichten.

»Meine Mutter ließ mich nach der Geburt meiner Kinder zehn Tage lang *isidudu* essen«, sagte sie und tischte eine herrlich duftende Pampe aus Kürbis, Leber und mit Curry gewürztem Kohl auf. »Mit jedem Löffel nahm ich die Kraft und das Wissen aller Frauen unserer Familie in mich auf.«

Mama Xoli war rund um die Uhr beschäftigt, nahm sich aber immer die Zeit, mir im Vorbeigehen die Schulter zu drücken. Wenn sie mit mir sprach, sah sie mir in die Augen, und das gab mir das Gefühl, dass ich ihr alles sagen konnte. Den Alten Mann beschützte sie, wo sie nur konnte, und sah es als ihre ehrenvolle Pflicht an, dafür zu sorgen, dass er, der die Last der Verantwortung für ganz Südafrika tragen musste, sich gut und gesund ernährte.

»Tata hat sehr viel zu tun«, sagte sie. »Also, mach keinen Ärger, verstanden?«

Ich wollte mit vollem Mund nicht sprechen, also nickte ich nur.

»Er ist ein sehr wichtiger Mann, musst du wissen. Er ist der Präsident des ANC und kandidiert für die Wahlen. Du wirst sehen, nächstes Jahr ist er der Präsident von ganz Südafrika, einem riesigen Land. Er hat genug verrückte Leute um sich herum, die sich über alles Mögliche aufregen. Da kann er kleine Jungs, die ihm Ärger machen, nicht auch noch gebrauchen.«

»Worüber regen sich die Leute denn auf?«, fragte ich.

Sie setzte sich zu mir an den Tisch und pulte Erbsen in eine Schüssel.

»Nun ja«, meinte sie, »manche Leute sind wütend, weil es mit der Apartheid jetzt vorbei ist. Andere regen sich auf, weil sie nicht schon vor langer Zeit abgeschafft wurde. Manche sind der Meinung, alles müsste sich über Nacht ändern, und andere, dass sich gar nichts verändern sollte. Sie haben Angst und geben Madiba die Schuld daran.«

»Habt ihr deshalb das Tor?«

Sie sah mich scharf an. »Genau«, sagte sie. Aber dann fügte sie etwas sanfter hinzu: »Mein Vater sagte immer: Der höchste Baum ist dem stärksten Wind ausgesetzt.«

»Was bedeutet das?«, wollte ich wissen.

»Es bedeutet, dass sich die Leute über den wichtigsten Mann immer am meisten aufregen. Wenn niemand wütend auf dich ist, bist du entweder nicht mutig oder nicht wichtig.« Mama Xoli trug die Erbsen ans Spülbecken. »Die meisten Menschen – schwarze und weiße – lieben Madiba. Sie wissen, es ist gut, etwas zu verändern, auch wenn es schwerfällt. Das ist wie mit kleinen Jungs, die zur Schule gehen und viel lernen müssen«, fügte sie hinzu, »oder ihr Gemüse aufessen sollen, auch wenn es ihnen nicht schmeckt.«

Nachdem ich mich mit dem fantastischen Essen vollgestopft hatte, bis ich nicht mehr konnte, ging Mama Xoli mit mir nach oben und zeigte mir mein Zimmer.

»Werde ich hierbleiben?«

»Ja, du wirst eine Weile hierbleiben«, sagte sie. »Tata wird mit dir darüber sprechen.«

Dass der Alte Mann sie und Mama Gloria vor ein paar Tagen gefragt hatte, ob sie ihm dabei helfen würden, seinen Enkelsohn großzuziehen, sagte sie mir nicht. Sie wusste, dass mein Aufenthalt nicht nur vorübergehend war, fand aber, dass er mir das selbst erklären sollte. Da ich davon ausging, ich wäre nur für ein paar Tage bei ihm, nahm ich das Ganze völlig gelassen.

Noch nie in meinem Leben hatte ich ein so schönes Zimmer gehabt. Bisher hatte ich noch nicht einmal ein Zimmer für mich alleine gehabt, geschweige denn eines mit einem so großen Bett, vornehmen Kissen und Decken. Auf der Kommode stand ein Fernseher, der Schrank war groß wie eine Höhle, und vor dem Fenster blühten entlang einer langen Mauer Bäume und Blumen. Ich setzte mich vor dem Fernseher auf den Boden. Es war ein Gefühl, als wäre ich gestorben und nun im Himmel. Ich hatte keine Ahnung, wie lange ich dort bleiben würde, war aber fest entschlossen, es zu genießen.

Als am Abend mein Großvater erschien, lag ich noch immer auf dem Boden und sah fern.

»Ndaba! Herzlich willkommen!«, erklang seine tiefe Stimme von der Tür.

Schnell rappelte ich mich auf, und als ich vor ihm stand, kam ich mir plötzlich sehr klein vor. Ich hatte schon fast vergessen, wie groß er war. Seit ich ihn vor Jahren im Gefängnis getroffen hatte, hatte ich ihn nur im Fernsehen gesehen, und nun ragte er vor mir auf wie dieser hohe Baum, von dem Mama Xoli gesprochen hatte. Sobald er einen Raum betrat, herrschte sofort eine positive Atmosphäre, und seine Anwesenheit gab einem immer das Gefühl, alles sei in Ordnung. Vom Tag unserer ersten Begegnung an verkörperte mein Großvater für mich – wie auch für den Rest der Welt – väterliche Ruhe, Wärme und Großherzigkeit. Seine Haltung war stets würdevoll, aufrecht und geradlinig, und an den tiefen Falten in seinen Augenwinkeln erkannte man, wie gerne er lachte. Und egal, ob er mit einem Kind sprach oder mit einem ausländischen Staatsoberhaupt, er pflegte stets exzellente Umgangsformen.

»Wie geht es dir?«

»Gut. Danke.«

Er sprach Englisch mit mir, also antwortete ich auf Englisch.

»Gut, gut«, sagte er. »Hast du dich schon eingerichtet? Hast du alles, was du brauchst?«

Ich war mir nicht ganz sicher, weil ich immer noch keine Ahnung hatte, warum ich hier war und wie lange ich bleiben würde. Aber ich wollte keinen Ärger machen, daher sagte ich: »Ja, Granddad.«

»Gut. Sehr gut. Man hat mir gesagt, du sprichst sehr gut Englisch.«

Ich nickte nur. Ich wollte auf keinen Fall irgendetwas Falsches sagen.

»Wie steht es mit Afrikaans?«

»Nein!« Ich schüttelte den Kopf. Die meisten, die ich kannte, machten sich über Afrikaans, das in ihren Ohren hässlich klang, lustig. Sie sagten, es sei die Sprache der holländischen Imperialisten. Warum sollte irgendjemand Afrikaans anstelle von Xhosa sprechen wollen?

»Dann wirst du Afrikaans lernen«, sagte er. »Es ist sehr wichtig.«

Das überraschte mich. Es lang mir auf der Zunge zu fragen »Warum?«, aber ich konnte mich gerade noch zurückhalten. Schließlich wollte ich nicht vorlaut sein.

»Ich habe Afrikaans in der Schule gelernt«, sagte Madiba, »und als ich dann auf Robben Island war, konnte ich es besser schreiben und sprechen als die meisten Gefängniswärter. Sie baten mich, ihnen bei der Übersetzung und Abschrift von Briefen und Dokumenten zu helfen. Der Gefängnisdirektor wechselte die Wächter alle sechs Monate aus, weil er nicht wollte, dass sie sich mit mir anfreundeten. ›Wer bewacht Mandela? Er? Nein, der steht ihm zu nahe. Schickt jemanden, der weiß, dass er unser Feind ist.‹«

Er hielt inne und sah mich fragend an. Er wollte wissen, ob ich ihm folgen konnte. Was ich nicht tat.

»Man erwartete von ihnen, dass sie in mir einen Feind sahen«, sagte er. »Aber wer die Sprache seines Feindes lernt, hat viel Macht über ihn. Um deinen Feind zu besiegen, musst du mit ihm zusammenarbeiten. Dann wird er dein Partner und vielleicht sogar dein Freund. Also, du wirst das in der Schule lernen. In Ordnung, Ndaba? Du lernst Afrikaans.«

»Ja, Granddad.«

Dann fragte er nach meinen Freunden. Er war wie immer sehr warmherzig und freundlich, aber er war ein Fremder für mich, und ich war von der Situation ziemlich überfordert. Daher gab ich nicht viel von mir preis.

Schließlich sagte er: »In Ordnung. Mit der Zeit wird sich alles fügen. Um zehn bist du im Bett.«

»Ja, Granddad.«

Er wandte sich zum Gehen, aber bevor er durch die Tür ging, ließ er den Blick noch einmal kritisch durchs Zimmer schweifen und deutete mit dem Kinn auf meinen Rucksack, der neben dem Bett auf dem Boden lag. »Ich erwarte von dir, dass du dein Zimmer aufräumst, Ndaba.«

»Ja, Granddad.«

»Ganz egal, wie bescheiden oder pompös deine Umgebung auch ist, Ordnung ist eine Frage des Respekts vor sich selbst.«

»Ja, Granddad.«

»Gute Nacht, Ndaba.«

»Gute Nacht, Granddad.«

»Und du bist sicher, dass du nichts brauchst?«

»Na ja ...«

Er lächelte zu mir herab und sagte: »Wenn du irgendetwas brauchst, sag es mir.«

Ich lächelte zu ihm hinauf und sagte: »Nintendo.«

KAPITEL 3

Akukho mntwana ungowendlu enye.

»Kein Kind gehört
zu einem Haus allein.«

Um die *Geschichte von Ndaba und seinem Großvater* zu verstehen, muss man wissen, dass afrikanische Familien als erweiterbare, recht offene Gruppen funktionieren (oder eben nicht funktionieren). Monogamie ist in der Kultur der Xhosa eine relativ neue Vorstellung, und die »traditionelle« Familie mit Vater, Mutter, zwei Kindern und einem Hund war eher unüblich. Erst mit den Missionaren und dem Kolonialismus hielt dieses Konzept bei uns Einzug. Den alten Sitten entsprachen eher Polygamie und arrangierte Ehen. Mein Urgroßvater, Nkosi Mphakanyiswa Gadla Mandela, erster Berater des Königs der Thembu, hatte vier Frauen und dreizehn Kinder, doch mein Großvater entschied sich bewusst dafür, nur mit einer Frau zur gleichen Zeit zusammenzuleben, und seine drei Ehen waren allesamt Liebesheiraten.

Madibas erste Frau war meine Großmutter Evelyn. Sie hatten 1944 geheiratet und sich im Jahr 1958 scheiden lassen, als sein Engagement im ANC immer gefährlicher wurde. Ihr erster Sohn, mein Onkel Thembi, der zwei Kinder hatte, Ndileka und Nandi, starb bei einem tragischen Autounfall in den frühen Jahren der Gefangenschaft meines Großvaters. Ihr zweiter Sohn, mein Vater Makgatho, war zwölf Jahre alt, als Madiba ins Gefängnis kam, und Tante Makaziwe, genannt Maki, war zehn. Madiba hatte seine zweite Frau, Mama Winnie, im Jahr 1958 geheiratet. Sie hatten zusammen zwei Töchter, meine Tanten Zenani und Zindzi, die noch nicht einmal zur Schule gingen, als ihr Vater inhaftiert wurde. Mein älterer Bruder Mandla ist der Sohn der ersten Frau meines Vaters, Rose. Nachdem Dad und Rose sich hatten scheiden lassen, heiratete er meine Mutter Zondi, eine Zulu, die dann mich und meine beiden jüngeren Brüder, Mbuso und Andile, bekam. Mein Cousin Kweku, der Sohn von Tante Maki, steht mir so nah wie ein Bruder, und ich kann nicht einmal ansatzweise alle Großtanten und Großonkel, Cousins, Cousins zweiten Grades, angeheiratete Verwandte, aktuelle und frühere Ehepartner und deren Nachkommen aufzählen. Wir alle sind eine Familie. Jeder Einzelne von uns gehört dazu.

Afrikanische Familien sind laut und anstrengend, voller Liebe und Musik, mit einer Neigung zu hitzigen Diskussionen und uneingeschränkter Loyalität. Xhosa- und Zulu-Frauen sind berühmt für ihre Stärke und Schönheit. Sie sind glühende Beschützerinnen ihrer Kinder, so, wie sämtliche Familienmitglieder glühende Beschützer der Alten sind. Insofern macht es Sinn, die Sache pragmatisch anzugehen: Bist du an meinem Tisch willkommen, bin ich es an deinem. Deine Kinder können bei uns schlafen und sich ein Zimmer mit meinen Kindern teilen. Natürlich gibt es dann und wann Eifersüchteleien und kleine Differenzen, aber was es auch sein mag, es ist nicht so wichtig wie die Familie als Ganzes.

Die Generation der Millennials glaubt, dass sie etwas völlig Neues erfunden hat, wenn sie verkündet, dass Liebe Liebe sei, und erklärt, dass es nicht bloß *eine* Definition von Familie gebe oder jedenfalls keine alleinige Definition, die von der ganzen Welt geteilt würde. Sie fordern deshalb, wir müssten unsere erlernten Vorstellungen davon, wie eine Familie auszusehen hat, ablegen und Familien schaffen, die für uns selbst und unsere Kinder das denkbar gesündeste und liebevollste Umfeld bieten.

Afrikanische Familien gehen seit Jahrhunderten genauso vor. Wie schön, dass der Rest der Welt es uns endlich gleichtut. Als erweiterte Familie zu funktionieren ist etwas sehr Traditionelles, aber darüber hinaus mussten die Mandelas und andere ANC-Familien sich während der Jahrzehnte der furchtbaren Gefahren und Unsicherheiten aufeinander verlassen können. Es erschien mir also trotz der besonderen Umstände nicht ungewöhnlich, dass man mich zu meinem Großvater geschickt hatte. Ich dachte mir, dass ich dort für eine Weile bleiben würde, ein paar Tage, Wochen oder vielleicht Monate, aber früher oder später würde mein Dad mich abholen, oder irgendjemand würde mich zurück in mein Elternhaus fahren, wo mein Leben weitergehen würde wie zuvor.

Tatsächlich tauchte schon nach wenigen Tagen mein Vater in Madibas Haus auf. Ich weiß nicht mehr genau, was ich gerade tat, als er eintraf. Wahrscheinlich spielte ich ein Videospiel. Nintendo – im Jahr 1994 der Heilige Gral der Videospiele – war für mich noch immer außer Reichweite, aber dafür hatte ich Sega bekommen. »Bittet, so wird euch gegeben«, wie meine Großmutter Evelyn immer gesagt hat.

Während dieser ersten Woche sah ich sehr wenig von meinem Großvater, der unglaublich beschäftigt war – schließlich kandidierte er für die Präsidentschaft eines Landes, das am Rande eines Bürgerkriegs stand. Aber ich hatte schnell entdeckt, wie freundlich und großzügig er war und wie viel es ihm bedeutete, dass ich mich willkommen fühlte. Innerhalb von wenigen Tagen war ich mit Kleidung, Schuhen, Socken und Unterwäsche ausgestattet worden –

nagelneue Sachen, die nach den Läden rochen, aus denen sie kamen, und die nicht vorher von meinem großen Bruder oder meinen Cousins getragen worden waren. Für all dies hatte ich eine eigene Kommode, und wenn ich beim Herunterschlingen des Mittagessens mein Hemd bekleckerte, konnte ich es in einen Wäschekorb werfen. Jemand nahm es mit und wusch es, und später tauchte es wieder auf, sauber und frisch gefaltet, ungefähr so, wie in der *Geschichte von der Zulu-Frau und dem gefälligen Fluss*. Die Frau wirft eine Handvoll Erde in einen magischen Fluss und sagt: »Fluss, gib mir einen Tontopf.« Und *schwupp*, wird ein schöner Tontopf ans Ufer gespült.

Ein paar Tage also nachdem ich bei meinem Großvater angekommen war, erschien mein Vater in dem Haus in Houghton, und ich sagte mir: *Das war toll, und nun ist es vorbei.* Eigentlich war meine einzige Sorge, ob ich wohl das Sega mit nach Hause nehmen dürfte.

Mein Vater ging in Madibas Büro und schloss die Tür hinter sich. Während die beiden redeten, ging ich nach oben in mein Zimmer und stopfte die neuen Anziehsachen in meinen Rucksack. Ich fand es schade, diesen wundervollen Ort verlassen zu müssen, und ich würde Mama Xolis Essen vermissen, aber ich war froh, meinen Vater zu sehen, und konnte es kaum erwarten, nach Hause zu meiner Mom und meinem kleinen Bruder zu kommen, der damals noch ein Baby war. Als großer elfjähriger Junge war ich alles andere als ein Muttersöhnchen, aber es fühlte sich irgendwie seltsam an, morgens ihre Stimme nicht zu hören. Ich hatte das Gefühl, bei ihr sein zu wollen, um mich um sie zu kümmern, denn manchmal stritten sich meine Eltern, und sie bekam etwas ab. Außerdem hatte ich das Gefühl, mich um Mbuso kümmern zu müssen. Ab und an tranken meine Eltern zu viel, und wenn das Baby dann schrie, war das ein scheußliches und unbehagliches

Gefühl. Aber die Vorstellung, dass der Kleine weinte und ich nicht da war, erschien mir noch viel schlimmer.

Ich war startbereit, als mein Vater hereinkam und sich auf mein Bett setzte. Er sagte: »Madiba ist ein großer Mann. Es ist wichtig, dass seine Familie Großes leistet. Ich kann noch immer etwas aus meinem Leben machen. Ich kann Anwalt werden. Aber ich muss mich auf meine Ausbildung konzentrieren.« Er erklärte, dass Madiba ihn nach KwaZulu-Natal zur Universität schicken wollte. Offenbar sah ich ihn verständnislos an, denn er sagte jetzt ohne Umschweife: »Von nun an wohnst du hier.«

Vielleicht hat er mich umarmt, bevor er ging. Ich weiß es nicht mehr. Gefühle werden wir nicht groß gezeigt haben, das war nicht unsere Art. Ich stellte keine Fragen. Ich weinte nicht. Ich tat, was man mir sagte. Ich packte meinen Rucksack wieder aus und verstaute alles sorgfältig, damit mein Zimmer ordentlich war, wenn mein Großvater zum Gutenachtsagen kam.

Von meiner Mutter hörte ich lange nichts. Weder rief sie mich an, noch schrieb sie mir, und obwohl niemand sie ausdrücklich erwähnte, spürte ich, dass mit einem Besuch von ihr nicht zu rechnen wäre. Später sagte mir mein Großvater, dass sie irgendwo Sozialarbeit studierte. Woanders. Weit weg von mir und meinem Vater. Niemand erklärte mir, dass sie und mein Dad Alkoholprobleme hatten. Die ältere Generation fand, dass man über solche Themen nicht sprach – erst recht nicht mit Kindern.

Für etliche Jahre waren meine Eltern nun nicht mehr Teil meiner Geschichte. Später hatte ich damit schwer zu kämpfen. Als ich alt genug war, um zu verstehen, wie die räumliche Trennung sich auf ihre Beziehung ausgewirkt und welche Rolle mein Großvater bei der Entscheidung gespielt hatte, fiel es mir nicht leicht, ihm zu vergeben. Ich versuchte, nachsichtig mit ihm zu sein, wusste ich doch, wie tief es ihn getroffen hatte, aus dem Gefängnis zu kommen und zu erkennen, dass er es verpasst hatte, ein Vater für seine Kinder zu sein. Er kam zu Macht und Reichtum, und natürlich wollte er ihnen helfen – ich weiß, dass er es gut meinte, aber ich glaube, es war ein Fehler, meine Eltern auf diese Weise zu trennen. Meine Mutter wurde einfach fallen gelassen. Für mich war es damals, als wäre sie plötzlich verschwunden.

Ungefähr wie die Zulu-Frau am Fluss.

Denn wissen Sie, der gefällige Fluss erscheint anfangs wie eine super Sache, weshalb die Zulu-Frau immer wieder zurückgeht. Sie bittet jedes Mal um größere Dinge, und der Fluss verlangt jedes Mal größere Opfer. Für ein Boot will er den Topf. Das Boot für ein Haus. Schließlich sagt sie: »Fluss, gib mir das Kind zurück, das ich vor langer Zeit verloren habe.« Und der Fluss antwortet: »Schneide dein Herz heraus und gib es mir.«

Die wichtigste Botschaft dieser alten Geschichte entspricht wohl in etwa der westlichen Redensart »Pass auf, was du dir wünschst ...«, aber nun, da ich selbst Kinder habe, verstehe ich, was diese Geschichte auf einer anderen Ebene über die Kostbarkeit der Kinder in Afrika erzählt. Die Mutter schneidet sich für ihr Kind, ohne zu zögern, das Herz heraus. Ich zweifle nicht eine Sekunde, dass meine Mutter mich so geliebt hat. Sie glaubte bestimmt, dass sie das Richtige tat, als sie mich zu Madiba schickte, damit ich bei ihm aufwuchs. Und so schmerzhaft es für mich ist, es zu auszusprechen: Es *war* das Richtige. Manchmal ist es sehr hart, das Richtige für sein Kind zu tun. Manchmal reißt es einem das Herz heraus. Doch wenn meine Mutter gekommen wäre, um mich aus dem Haus meines Großvaters zu holen, wäre mein Leben ganz anders verlaufen, und es wäre mit Sicherheit nicht besser gewesen als das Leben, das ich jetzt führe.

Ich brauchte viele Jahre, um mir einen Reim auf all das zu machen. Erst als ich selbst auf dem College war und Politikwissenschaft in Pretoria studierte, war ich in der Lage, das gebrochene Herz meiner Mutter mit der Apartheid in Zusammenhang zu bringen, einem politischen System, das schwarzen Familien derartige Situationen aufzwang. Als Madiba Präsident von Südafrika wurde, änderten sich die Gesetze. Auf dem Papier änderte sich alles. Aber schwarze Südafrikaner waren über Generationen um schulische, soziale, politische und wirtschaftliche Chancen gebracht worden. Er wusste, dass es etliche Generationen dauern würde, das Erbe der Unterdrückung zu überwinden. Seine eigene Familie war das beste Beispiel dafür.

Sein Vater starb, als Madiba noch jung war, und anschließend wurde ihm die Chance verwehrt, selbst ein Vater für seine Kinder zu sein. Daraufhin wuchs mein Vater, der seinen Großvater nie kennengelernt hatte, ebenfalls ohne Vater auf, sodass diese Beziehung für eine weitere Generation verschoben wurde. Dabei herrschte kein Mangel an Liebe, Intelligenz oder Fähigkeit. Diese Männer waren absolut willens, ihre Familie zu lieben und hart für sie zu arbeiten, aber ihnen wurde die Chance verwehrt, einen Vater zu haben und Vater zu sein. Also ist es an der nächsten Generation und an der auf sie folgenden: an mir und meinem Sohn. Für dieses kleine Kerlchen – meinen Lewanika – würde ich mir auf der Stelle das Herz herausschneiden. Hundertprozentig. Aber ich weiß aus Erfahrung, dass das nicht reicht. Er braucht nicht nur meine Liebe, er braucht *mich*. Meine Stimme. Meine starken Arme. Mein Lachen. Mein Vorbild. Er muss mich voll und ganz in meinem eigenen Leben stehen sehen und meine volle Präsenz in seinem Leben spüren. Auf diese Weise beginnt er, seinen eigenen Wert zu begreifen: erst in der Familie, dann in der Gemeinde, dann in der Nation und dann in der Welt. Aber es ist nicht einfach, denn Lewanika und seine Schwester Neema leben bei ihrer Mutter, meiner ehemaligen Freundin. Ich muss mich achtsam und zielstrebig entschließen, Zeit mit meinen Kindern zu verbringen. Ich muss dieser Sache Priorität einräumen und kämpfe doch immer wieder mit logistischen Schwierigkeiten. Wie kompliziert es manchmal sein kann, verstehe ich also gut, aber die Verantwortung nehme ich ernst.

Diese Generation afrikanischer Männer – meine Generation – hat die Möglichkeit, den Lauf des unversöhnlichen Flusses zu ändern. Wenn wir uns dafür entscheiden, können wir, als Väter, die Kultur dieses Kontinents buchstäblich wiedererschaffen. Indem ich dies sage, möchte ich nicht im Geringsten die zentrale Rolle der Mütter herabsetzen. Aber ich rufe nach meinen Brüdern und möchte sie aus meiner eigenen Erfahrung heraus bitten, ernsthaft darüber nachzudenken, was es bedeutet, ein guter Vater zu sein, einen guten Vater zu haben und gute Väter zu erziehen. Es bedeutet, eine Kultur zu erschaffen, die die Vaterschaft wertschätzt. Dazu gehört ein kollektiv herbeigeführter Wandel des sozioökonomischen Systems. Nur wo der systematischen Ohnmacht von Menschen ein Ende gesetzt wird, ist den Familien gedient.

Mir ist klar, dass mein Leben außergewöhnlich privilegiert ist. Mir ist klar, dass mein Großvater überzeugt war, dass das Vorbild von aufrechten afrikanischen Erwachsenen mir, meinen Brüdern und Cousins sowie allen anderen afrikanischen Kindern nützen würde, genau wie ein besseres internationales Ansehen unserer Heimat Afrika. Auch ich selbst glaube daran, aber ich denke, es gibt einen Weg, diese übergeordneten Ziele zu erreichen, ohne die Familien zu vernachlässigen. Ich wünschte, mein Großvater hätte eine Möglichkeit gefunden, meinen Eltern zu helfen, ihre Probleme gemeinsam zu lösen.

»Man braucht ein ganzes Dorf, um ein Kind großzuziehen.« Vielleicht haben Sie von dieser Redensart gehört. Die Xhosa haben ihre eigene Version davon: *Akukho mntwana ungowendlu enye*

(»Kein Kind gehört zu einem Haus allein«). Der logische Umkehrschluss lautet hoffentlich: »Jedes Kind gehört zu jedem Haus.« Und das bedeutet, dass wir alle Verantwortung dafür tragen, dass die Kinder dieser Welt ernährt und umsorgt werden.

Ich vermisste zwar meine Mom und meinen Dad, aber der gute Teil meiner Kindheit begann, nachdem ich bei dem Alten Mann eingezogen war. Mama Xoli sorgte für mich wie eine Glucke. Tante Maki war aus den USA zurückgekehrt, und ich verbrachte die Ferien mit ihrer Familie: Kweku und ich streunten zusammen durch die Gegend, wie damals, als wir noch klein waren. Das Leben bei meinem Großvater pendelte sich auf einen disziplinierten Tagesablauf ein. Man erwartete von mir, dass ich mich benahm, gut in der Schule war und mein Zimmer aufräumte. Madiba war ein Mann mit einem außerordentlich starken Willen, der beinahe drei Jahrzehnte lang ein strengstens strukturiertes Leben geführt hatte. In seinem Haus war Selbstdisziplin eine Religion, und für mich war so etwas absolut neu. Grandma Evelyn hatte zwar die Zügel fest in der Hand gehalten, aber sie war auch warmherzig und verteilte großzügig ihre Zuneigung. An Umarmungen und liebevolle Worte meines Großvaters während dieser ersten Jahre erinnere ich mich kaum. Ich glaube, er war so verblüfft über mich wie ich über ihn.

Ich konnte mich dennoch nicht beschweren. Zum ersten Mal in meinem Leben hatte ich ein eigenes Zimmer und eine Menge anderer Dinge, um die mich meine Freunde beneideten. Ich kam im Privatwagen statt im Taxi zur Schule – südafrikanische Taxis haben mit den New Yorker Yellow Cabs nichts gemeinsam. Ein Taxi ist eine Art Minibus, in den sich fünfzehn oder sechzehn Leute quetschen. Das Privatauto wurde von einem Mann gefahren, den ich *Bhut* nannte, ein Wort wie »Bro«, nur für ältere Leute. Das war eine nette Veränderung, und manchmal durften meine Freunde nach der Schule mit mir im Auto nach Hause fahren, und wir spielten dann Spiele, schauten Videos oder planschten im Pool.

In diesen frühen Tagen lebte auch meine Cousine Rochelle bei uns, aber sie war schon über zwanzig und führte ihr eigenes Leben. Ich habe nie gefragt, warum Mama Winnie nicht da war. Von den Erwachsenengesprächen hatte ich genügend mitbekommen, um zu wissen, dass sie von dem Alten Mann getrennt lebte. Noch waren sie nicht geschieden, aber die Pflichten der First Lady wurden schon von Tante Zenani und Tante Zindzi wahrgenommen. Sie kamen immer dann in Madibas Büro, wenn er sie brauchte, und sie begleiteten ihn zu diversen sozialen und staatlichen Terminen. Alle, die im Haus meines Großvaters arbeiteten, liebten ihn und empfanden es als Privileg, in seiner Nähe sein zu dürfen – und alle erinnerten mich fortwährend daran, welch ein Privileg dies auch für mich war.

Die Frauen, die Madibas Mahlzeiten zubereiteten, legten großen Wert darauf, ihm nur das Beste ihrer Kochkunst zu servieren. Er war bezüglich der Lebensmittel, die er essen wollte, sehr speziell, und die Küchenleute gingen liebend gern auf seine Wünsche ein. Mein Großvater liebte Kutteln, Hühnerbeine und etwas, das man auf isiZulu *amasi* nennt und auf Afrikaans *maas*. Es wurde von Mama Xoli zubereitet, indem sie ein großes Glas Kuhrohmilch aufs Fensterbrett stellte und diese Milch so lange gären ließ, bis sich eine Schicht wässriges *umlaza* über dem dicken weißen *amasi* abgesetzt hatte, eine Art Hüttenkäse oder Naturjoghurt. Das *amasi* konnte direkt aus dem Glas gegessen werden oder als Beilage zu Maisgrieß. Mein Großvater mochte es am liebsten, wenn es sehr sauer war. Je saurer, desto besser. Manchmal probierte er einen Löffel und schüttelte dann langsam den Kopf. Daraufhin stellten die Frauen es zurück aufs Fensterbrett und ließen es weitergären.

Frühstück und Mittag aß ich zusammen mit Mama Gloria und

Mama Xoli in der Küche, aber abends setzten Madiba und ich uns oft zusammen, nur wir zwei, um um Punkt sieben Uhr an dem langen Tisch im offiziellen Esszimmer zu Abend zu essen. Am Kopfende des Tisches nahm selbstverständlich er Platz, ich saß an der Seite auf dem Stuhl, der seinem am nächsten war. Während dieses ersten Jahres waren unsere abendlichen Unterhaltungen spärlich, und sie fanden stets auf Englisch statt.

Er sagte zum Beispiel: »Guten Abend, Ndaba. Wie war es heute in der Schule?«

Ich antwortete: »Es war ganz gut.«

Und dann sagte er: »Gut. Gut.«

Wenn er so weit war, dass das Essen hereingebracht werden konnte, klingelte er mit einem Silberglöckchen. Nicht auf eine gebieterische Weise, einfach, um die Leute wissen zu lassen, dass wir bereit waren. Er hatte bemerkt, wie interessiert ich dieses glänzende Glöckchen in den ersten Tagen in Augenschein genommen hatte, und eines Abends zwinkerte er mir zu und sagte: »Willst du mal?« Ich nickte. Er schob das Glöckchen über den Tisch zu mir hinüber, und ich entlockte ihm ein gediegenes *Klingeling*. Schon erschien die Küchenchefin mit unserem Abendessen, und das fühlte sich wirklich befriedigend an, als wäre ich der Stifter dieses Mahls oder so etwas. Madiba lachte und klopfte mir auf die Schulter und dankte allen für das Essen, das wir dann schweigend aßen. Die Stille war nicht unbehaglich. Wir waren zusammen, und das war gut. Mein Großvater schätzte sich glücklich, ein Familienmitglied in seiner Nähe zu haben, und ich war froh, genug zu essen zu haben.

Manchmal brachte jemand ein Telefon an den Tisch. Immer war der Anrufer ein sehr wichtiger Mensch, der von irgendwoher anrief, wo der Arbeitstag noch nicht zu Ende war. Madiba legte dann seine Gabel weg, tupfte sich den Mund mit der Serviette ab und griff zum Hörer. »Hallo! Wie geht es Ihnen heute?«

Stets grüßte er den Anrufer mit dem gleichen breiten Lächeln. Es war völlig egal, um wen es sich handelte und dass das Lächeln am anderen Ende der Leitung nicht zu sehen war. Man konnte es hören und fühlen.

Zu dieser Zeit – ich war elf Jahre alt und hatte nichts als Fußball, Videospiele und MTV im Kopf – hörte ich den Gesprächen nicht zu, und wenn ich es getan hätte, wäre das meiste für mich unverständlich gewesen. Jahre später, als ich mich intensiver mit dieser historischen Phase beschäftigte, wurde mir klar, wie extrem kontrovers einige dieser Anrufe verlaufen sein müssen. Viele Anrufer waren wütend, verbittert oder hatten Angst. Und trotzdem begrüßte er jeden Einzelnen mit Wärme und Respekt.

Im April 1994 durfte Madiba zum ersten Mal in seinem Leben wählen. Am 10. Mai wurde er der erste schwarze Präsident Südafrikas.

»Möge Gerechtigkeit für alle herrschen«, sagte er in seiner Antrittsrede. »Möge Frieden für alle herrschen. Möge es Arbeit, Brot, Wasser und Salz für alle geben.«

Nun waren die schwarzen Südafrikaner endlich frei, und meinen Großvater nannte man den »Vater der Nation«, aber wie Martin Luther Kings Witwe Coretta Scott King uns mahnt: »Die Freiheit hat man nie ganz gewonnen, man verdient und gewinnt sie in jeder Generation neu.« Das bittere Erbe der Apartheid hatte riesige Schlaglöcher auf dem Weg zur Freiheit hinterlassen: einen tief sitzenden Rassismus, Gewalt und Armut in den Städten, eine grassierende Aidsepidemie und starken politischen Druck von beiden Seiten. Auf uns ruhten die Augen der Welt, die Erwartungen waren hoch – positive wie negative. Die Bürde, die auf Madiba lastete, war für mich unvorstellbar. Aber selbst zu Hause, im Privaten, blieb er gelassen, egal, wie erschöpft er gewesen sein muss.

Wenn er mit mir schimpfte, dann richtig. Sein Groll fühlte sich an wie Donner. Es war viel schlimmer, als wenn er einfach böse auf mich gewesen wäre; er war enttäuscht. Ich hing zum Beispiel im Wohnzimmer vor dem Fernseher und hörte diese tiefe, polternde Stimme von oben.

»*Ndaba*. Komm hoch und räum dein Zimmer auf.«

Ich ging nach oben und räumte auf, während er in der Tür stand und mir einen Vortrag über persönliche Verantwortung hielt. Er legte großen Wert darauf, dass ich mein Zimmer aufräumte, auch er hielt sein Zimmer ordentlich – machte selbst sein Bett und alles –, obgleich das Hauspersonal diese Aufgabe gern übernommen hätte.

Er war streng, und das führte über die Jahre zwischen uns zu Spannungen. Einen dieser Vorfälle muss ich irgendwann unbedingt meinen eigenen Kindern erzählen: Ich hatte meinen Schulpullover verloren und brauchte Geld, um einen neuen zu kaufen. Was ich mir auch wünschte, ich durfte ihn um alles bitten – Videospiele, Bücher, einen Sony-Walkman –, es war immer in Ordnung. Mal sagte er Ja, mal Nein: »Nein, ich glaube, du hast erst mal genug Videospiele.« Aber es war völlig okay zu fragen. Das war jetzt anders: Ich musste ihn bitten, etwas zu ersetzen, worauf ich nicht vernünftig aufgepasst hatte.

Zuerst ging ich deshalb zu meiner Cousine Rochelle. »Rochelle, könnte ich bitte 40 Rand haben?«

Sie rollte die Augen. »Tzzzzz. Nein. Wenn du etwas brauchst, frag Großvater.«

»Kann ich nicht.«

»Warum nicht?«

»Weil – ach, vergiss es.«

Ich ging in die Küche. »Mama Xoli, kannst du mit mir einen neuen Schulpullover kaufen?«

»Warum?«

»Weil ...«

»Ist dir der alte zu klein geworden?« Sie musterte mich von oben bis unten. »Man sieht gar nicht, dass du seit gestern so gewachsen bist.«

Ich überlegte mir tausend Ausreden. Dass er zerrissen war, als ich über einen Zaun kletterte. Dass er mir beim Fußballtraining geklaut wurde. Dass ein Hund ihn gefressen hatte. Aber ich wusste, dass sie mich sofort durchschauen würde.

»Ich hab ihn verloren«, sagte ich.

»Au weia. Geh lieber gleich und sag es ihm.«

Ich lief den Flur runter und hielt an der Tür zu Madibas Büro, wo er in einem Sessel saß und las. »Granddad?«

»Ndaba!« Er lächelte und winkte mich hinein. »Wie geht es dir heute? Wie war es in der Schule?«

»Es war ganz gut. Aber ... Granddad, ich hab meinen Schulpullover verloren. Ich brauche einen neuen.«

»Oh, Ndaba.«

»Es tut mir leid, Granddad.«

Nach dem Vortrag über persönliche Verantwortung, in dem er mich daran erinnerte, wie viele Menschen auf der Welt überhaupt nichts besaßen und niemanden fragen konnten, selbst wenn es um die grundlegendsten Bedürfnisse ging, sagte er: »Ich werde Rochelle bitten, dich morgen zu begleiten, um einen zu kaufen. Und ich erwarte, dass du in Zukunft besser darauf aufpasst.«

Mit gesenktem Kopf antwortete ich. »Das mache ich. Es tut mir leid, Granddad.«

»Dann ist es gut. Geh jetzt ins Bett.«

Ich ging in mein Zimmer und hatte das Gefühl, dass ich ziemlich glimpflich davongekommen war. »Kein Blut, kein Foul«, wie man so schön sagt. Bis ich dann ein paar Wochen später auch den neuen Pullover verlor. Ich schlotterte am ganzen Leib, als ich hinging, um es ihm zu sagen. Bis zum Schluss versuchte ich, mir einen Plan B auszudenken. Weglaufen. Die Schule wechseln. Irgendeinen wasserdichten Weg finden, es jemand anderem anzuhängen. So kläglich wie möglich aussehen und auf Mitleid hoffen.

»Granddad?«

»Ndaba ...« Als er aufblickte, sah er wahrscheinlich schon, wie ich förmlich in mich zusammenfiel.

»Was gibt's?«

»Es tut mir leid«, stieß ich kläglich hervor. »Ich habe schon wieder meinen Pullover verloren.«

Mitleid bekam ich nicht. Er war fuchsteufelswild. Der Vortrag über persönliche Verantwortung erreichte eine neue Ebene, und am Ende fehlte das Angebot, dass Rochelle mir einen Ersatz besorgte.

»Es ist offensichtlich«, sagte er, »dass du es nicht ernst genommen hast, als ich dir gesagt habe, dass du diesmal besser aufpassen sollst. So schätzt du also dein Zuhause und alles, was du hier hast – deine Kleidung, deine Spiele, dein eigenes Zimmer. Jeden Tag muss ich dir wieder sagen: ›Räum dein Zimmer auf, Ndaba. Heb deine Sachen auf.‹ Weißt du was? Heute Nacht schläfst du draußen.«

Ich stand da, völlig fassungslos.

»Geh nach draußen!«, donnerte er. »In diesem Haus bist du heute Nacht nicht erwünscht.«

Was sollte ich tun? Ich schlich den Flur entlang, zur Tür hinaus. Die Schatten waren schon lang. Es dämmerte. Bald würde es dunkel werden. Der Garten war von einer hohen Mauer umgeben. Wenn irgendwelche Gangster versuchen würden hinüberzuklettern, würden bestimmt die Sicherheitsleute auftauchen und sie aufhalten. Theoretisch jedenfalls.

Ich fand einen halbwegs bequemen Platz im Gras neben dem Blue-Guarri-Baum und fragte mich, ob sich wohl in den Bäumen und Glyzinien, die um den Pool herumstanden, Schlangen verbargen. Es wurde dunkel, die Hitze des Tages ließ nach. Ich hockte zitternd da, die Arme fest um meine Knie geschlungen. Als von der Küchentür jemand meinen Namen rief, erschrak ich fast zu Tode.

»Ndaba?« Es war die Stimme von Mama Xoli.

Verdutzt, aber erleichtert rannte ich auf sie zu, als sie im Gartenlicht nach draußen trat. Ich nahm an, dass sie mich zum Abendessen hereinholte. Doch das war nicht der Fall.

Sie gab mir eine Decke und sagte: »Madiba bat mich, dir dies zu bringen.«

Ich versuchte, »Danke« zu sagen, aber ich hatte einen Kloß im Hals. Er meinte es ernst. Er würde mich zwingen, die ganze Nacht hier draußen in der Kälte zu verbringen, ohne Essen und wahrscheinlich mit giftigen Schlangen und mit irgendwelchen Gangstern und Mördern, die vielleicht über die Mauer kletterten.

Mama Xoli ging zurück ins Haus, und ich schluckte schwer. Meine Augen brannten, aber zu weinen hätte mir auch nichts genützt. Ich war keiner, der weinte, selbst in dem Alter nicht. Vielleicht bei körperlichen Sachen, wie damals, als meine Freunde und ich dem Hippo gegenüberstanden und das Tränengas ins Gesicht bekamen. Aber dies hier war tausendmal schlimmer, weil ich allein war und weil ich Großvater so wütend gemacht hatte und ihm früher oder später wieder unter die Augen treten musste. So sei es. Komme, was da wolle, ich würde nicht weinen. Weil ein Xhosa-Mann standhält.

»Hallo«, sagt man in meinem Volk, wenn man einen anderen Mann begrüßt. »Wie geht es dir?«

»*Ndi nya mezela*«, lautet die Antwort. »Ich halte stand.«

Ich fand einen guten Platz zum Sitzen und wickelte mir die Decke um die Schulter. Vögel ließen sich in den Bäumen nieder und zwitscherten leise, wann immer eine Brise die Äste bewegte. Nach einer Weile sah ich im Küchenfenster Mama Gloria, wie sie abwusch und die Töpfe und Pfannen aufhängte. Das Abendessen war vorüber. Ich hatte ein Loch im Bauch, so hungrig war ich. Über eine Schüssel Reis mit Ketchup wie früher wäre ich jetzt froh gewesen.

Käfer raschelten in den Hecken. Irgendwo, weit weg in der kühlen Dunkelheit, bellte ein Hund. Ich wurde schläfrig, fuhr aber hellwach hoch, als ich schwere Schritte hörte, die auf mich zukamen. Hastig sprang ich auf und sah den Alten Mann über den Rasen auf mich zukommen.

»Ndaba?«

»Ja, Granddad?«

»Wenn du jemals wieder deinen Schulpullover verlierst, schläfst du wirklich draußen, ist das klar?«

»Ja, Granddad.«

»Lass uns reingehen.«

Er ging zurück zum Haus, und ich schloss zu ihm auf und versuchte, mit seinen langen, ausgreifenden Schritten mitzuhalten.

»Mein Vater liebte und respektierte seine Kinder, aber er sparte nicht mit der Rute. Er sorgte für Disziplin.« Er öffnete die Küchentür und scheuchte mich hinein. »Geh rein und iss dein Abendessen, und dann geh ins Bett.«

So glücklich hatte ich mich an diesem Küchentisch noch nie gefühlt. Und ich habe nie wieder einen Schulpullover verloren. Seit Lewanika und Neema auf der Welt sind, höre ich mich selbst vieles sagen, was mein Großvater zu mir gesagt hat, als ich noch klein war. Tatsächlich rief mich vor Kurzem Lewanikas Mutter an und sagte: »Keine Ahnung, wie er das gemacht hat, aber dein Sohn hat schon jetzt seinen Schulpullover verloren.«

Er ist gerade in die erste Klasse gekommen. Lange hat es also nicht gedauert. Ich musste laut lachen und konnte gar nicht mehr aufhören.

»Was ist daran so lustig?«, fragte sie.

»Nichts. Sag ihm, wenn das noch einmal passiert, schläft er draußen.«

KAPITEL 4

Kulangene isanga nenkohla.

»Manchmal sind das Wunderbare und das Unmögliche ein und dasselbe.«

Die Xhosa-Geschichte *Vom Baum, der sich nicht umarmen ließ* ähnelt dem europäischen Märchen von Aschenputtel. Bei einer solchen Ähnlichkeit von zwei Erzählungen aus so verschiedenen Kulturen frage ich mich: Hat die eine die andere inspiriert, oder gibt es eine gemeinsame Grundlage? Haben wir alle diesen gemeinsamen Sinn für Gerechtigkeit und Ungerechtigkeit, der die Geschichten zu einer Art Messlatte für unser aller Empfinden macht?

In der Xhosa-Geschichte stirbt die Mutter der schönen Bathandwa. Das Mädchen muss von nun an ein Leben als Magd der Stiefmutter und zweier hinterhältiger Stiefschwestern führen. Unten am Fluss wächst ein Baum, in dem der Geist der Mutter wohnt. Von dort aus fliegt ein Zaubervogel zum König und sagt: »Halte einen Wettstreit ab. Wer seine Arme um diesen herrlichen Baum legen kann, soll reich entlohnt werden, und wenn der Sieger ein Mädchen ist, soll sie deinen Sohn zum Mann bekommen.« Dem

König gefällt der Gedanke, der Wettstreit wird abgehalten, und jeder im Königreich erscheint, auch die gemeine Stiefmutter und die grausamen Stiefschwestern. Besonders schlau sind sie offenbar nicht, jedenfalls erkennen sie Bathandwa nicht wieder. (Sagen wir einfach, sie hat sich verkleidet oder sonstwie unkenntlich gemacht, denn genau solche Einzelheiten unterscheiden ein Märchen von einer Lügengeschichte; deshalb ergeht sich die afrikanische Version einer Geschichte immer in unendlichen Exkursen, in denen irgendwelche Details ausgebreitet werden.) Ein Kandidat nach dem anderen tritt an und legt die Arme um den Baum – die stärksten Männer, die gelenkigsten Frauen –, doch der Baum windet sich von ihnen weg, lässt sich von keinem anderen umarmen als von Bathandwa, der geliebten Tochter des Baumgeists, die ausgeschlossen und missbraucht wurde.

Ich mag das afrikanische Extra an dieser alten Fabel. Meine kleine Tochter Neema ist ziemlich lebhaft und einfallsreich, ich würde ihr also viel eher eine Geschichte erzählen, in der die Heldin mit einem Ochsengespann unterwegs ist als in einer vergoldeten Kürbiskutsche. Vermutlich könnte man sagen, die »Gottesmutter der Feen« im Xhosa-Märchen ist der Geist der Mutter, der sich in dem Baum verkörpert hat – ein wachsender, lebender Turm der Stärke –, und das ist ganz sicher eine zutreffende Beschreibung meiner Mutter und meiner Großmütter. Während Aschenputtel mit einem Happy End schließt, geht das Xhosa-Märchen weiter. Es entspinnt sich ein unglaubliches Netz von Mord und Zauber und (je nachdem, wer es erzählt) diversen Erwachsenendingen. Doch in beiden Geschichten siegt am Ende die Gerechtigkeit. Die grausame Stiefmutter und ihre Töchter erleben ein schauriges Ende. Vielleicht verweist das auf einen weiteren Kulturunterschied: Afrikanische Kinder sind an Blut gewöhnt. Vor den Fakten um Leben oder Tod wurden wir nicht geschützt. Das räumliche und zeitliche Umfeld, in dem wir aufwuchsen, machte das unmöglich.

Als meine Freunde mich in einem schwarzen BMW aus den Slums von Soweto herausfahren sahen, mussten sie wohl denken, ich wäre selbst ein wandelndes Aschenputtel. Tatsächlich verbesserten sich meine Lebensumstände erheblich, und sie stellten sich vor, dass ich jetzt ein angenehmes Leben hatte. Ich glaube, so sah wohl auch der Rest der Welt das Ende der Apartheid. In Europa und Amerika wurde die Apartheid scharf verurteilt. Künstler und Musiker machten weltweit darauf aufmerksam, und die ganze Welt feierte, als Madiba der Präsident Südafrikas wurde. Ich glaube, für viele war das das Happy End, dabei war es eigentlich nur der Keim eines neuen Anfangs.

Ein Beispiel dafür ist der amerikanische Film *Invictus – Unbezwungen*, der die Geschichte der Rugby-WM 1995 erzählt – Südafrika gewann damals den Titel, ich war gerade zwölf. Der Plot in der Kurzversion: Die schwarze Mehrheit im Land war der Meinung, die Regierung sollte alle Institutionen abschaffen, die aus der Apartheid-Zeit stammten, doch in seiner Weisheit erkannte Madiba, dass es viel mehr bringen würde, als Geste der Versöhnung mit der weißen Minderheit ein paar Kompromisse zu machen. Zum Beispiel mit der Nationalhymne *Die Stem van Suid-Afrika* (»Der Ruf Südafrikas«), ein stumpfsinniger Marsch, der die Kolonisierung Südafrikas verherrlicht. Und zum Beispiel mit den Springboks, der südafrikanischen Rugby-Nationalmannschaft, die in ihrer hundertjährigen Geschichte nur einen einzigen nichtweißen Spieler hatte. Im Film gewinnen diese Springboks die Weltmeisterschaft, die Schwarzen müssen nur über ihren Schatten springen, und die Weißen sind eigentlich doch ziemlich nette Kerle. Auf dem Höhepunkt des entscheidenden Spiels verbrüdern sich Mandelas schwarze und weiße Bodyguards, eine weiße Dame und ihr schwarzer Butler umarmen sich auf der Tribüne, und freundliche weiße Taxifahrer heben sich einen glücklichen schwarzen Jungen auf die Schultern, um diese neue Rassenharmonie zu feiern. Dann leben sie alle glücklich und zufrieden, und daran erkennt man, dass es ein Märchen ist. Im echten Leben war alles längst nicht so einfach.

Inzondo heißt auf Xhosa »Hass«, aber es gibt noch ein Wort, *ngcikivo*, das ziemlich viele weitere Konnotationen hat. Es geht mehr in Richtung »Verachtung«: die tief verankerte Weigerung, andere als gleichwertige Menschen anzuerkennen, eine hartnäckige Blindheit für ihr Leiden, die tröstende Selbstversicherung, dass es auf sie eigentlich gar nicht so sehr ankommt. Rassismus auf dieser Ebene – egal, ob gesetzlich, institutionell, kulturell oder persönlich – verändert sich nicht im Laufe eines Rugbyspiels. Oder einer Rugby-Saison. Oder einer Generation. Ich weiß nicht, ob er überhaupt irgendwann ganz verschwinden wird. Vielleicht ist das Beste, worauf wir hoffen können, dass er sozial so inakzeptabel wird, dass die Leute ihre rassistischen Kommentare und Handlungen für sich behalten. Aber ich weiß so sicher, wie ich meinen Nachnamen kenne: *Wir müssen es versuchen.* Wir müssen Rassismus beim Namen nennen, wenn wir ihm begegnen – auch, wenn wir ihm in uns selbst begegnen.

Madibas Antwort auf die Verachtung war Mitgefühl. Unendliches Mitgefühl. Mitgefühl, das den Hass der anderen überrollte wie ein Hippo. Mehr als einmal sagte er: »Gewaltfreiheit ist eine Strategie.« Er bezog sich dabei auf Gandhis Strategie der Nichtzusammenarbeit und des friedlichen, aber unaufhaltsamen Widerstands. Madiba war kein Heiliger, der jeden liebte und keiner Fliege etwas zuleide tat. Er war ein kluger Führer, der wusste, welche Macht darin liegt, das Richtige zu tun, bis es das Falsche überwindet. Den Rassismus mit Liebe und gegenseitigem Respekt zu überwinden ist ein Prozess, der in Südafrika noch andauert, so wie in den USA und in Europa und überall sonst in der Welt, und als Weltgemeinschaft haben wir noch einen langen Weg vor uns.

Hin und wieder höre ich von hässlichen rassistischen Vorfällen – wenn hier in Südafrika ein Weißer einem Schwarzen etwas antut oder wenn ein Afroamerikaner von der US-Polizei misshandelt wird –, und dann sinkt mir der Mut. Die Leute empören sich zwar, aber denken wir nur daran, wie es vor zehn Jahren war, als es noch keine sozialen Medien gab und Vorfälle wie dieser ignoriert wurden und es nicht einmal in die Nachrichten schafften. Es ist schlimm, dass diese Dinge immer noch passieren, aber wenigstens bekommen wir es jetzt mit.

Ich sehe ein paar deutliche Parallelen zwischen der Befreiungsbewegung in Südafrika damals und dem, was jetzt in den USA abläuft, mit der Bewegung *Black Lives Matter* und Footballspielern, die in friedlichem, aber höchst öffentlichkeitswirksamem Protest beim Singen der Nationalhymne niederknien. Es ist ein Gewahrwerden von Rassismus, Sexismus und Fremdenfeindlichkeit. Der allgemeine Konsens hat sich verschoben von einem »So ist es eben« hin zu einem »Wir können das nicht mehr hinnehmen«. Es ist ein Anfang. Dr. Martin Luther King und Barack Obama zitierten beide gern Theodore Parker, einen transzendentalistischen Prediger, der sich im 19. Jahrhundert für die Abschaffung der Sklaverei in den USA einsetzte: »Der Bogen des moralischen Universums ist lang, aber die Krümmung führt hin zur Gerechtigkeit.« Daran glaube auch ich, aber ich bin nicht so geduldig wie der Alte Mann. Manchmal finde ich, wir könnten uns alle ein bisschen stärker krümmen.

Als ich in der dritten Klasse war – einer von acht schwarzen Jungen in der Klasse –, gründete mein Freund Selema eine Gang, wir nannten sie *Bendoda* (»die Gents«). Wir hatten alle die gleichen Kugelschreiber und trugen ein Abzeichen am Kragen. Damals war Michael Jackson für uns der Größte, und wir bildeten uns ein, wir wären wie die geschmeidigen Typen im Video zu *Bad*. In der Pause und nach der Schule kämpften wir gegen die weißen Jungs, die ihre eigene Bande hatten, und meistens gewannen wir. Wir jagten sie auf die Bäume, und von da oben konnten sie lediglich versuchen, uns zu bespucken, weil sie Angst hatten herunterzukommen. Oft landeten wir im Büro des Direktors, aber dann kamen unsere Eltern, und die standen immer hinter uns.

Selemas Mutter war Barbara Masekela. Bevor sie die Leitung der Kunst- und Kultursparte beim ANC übernahm, lehrte sie an der Rutgers-Universität Englische Literatur. (Zugleich war sie die jüngere Schwester des berühmten Jazzmusikers Hugh Masekela, und als mein Großvater Präsident wurde, war sie seine Stabschefin.) Die Gents standen also gemeinsam mit den weißen Eltern im Büro des Direktors, sie überschütteten uns mit Vorwürfen, und dann kam Mama Barbara, und die Sache war erledigt. Sie brachte sie zum Schweigen – einfach mit ein paar harten Wahrheiten darüber, wie es diesen acht kleinen schwarzen Jungen ging, die nur versuchten, sich zu schützen.

Ich erinnere mich an einen Aufsatz in diesem Schuljahr. Ich schrieb etwas wie: »Ich will ein schönes Auto und ein schönes Haus, aber reich will ich nicht werden. Reich sind die Weißen.« So empfand ich das damals: Ich wollte haben, was die Weißen hatten, aber ich wollte nicht werden wie sie.

Rugby war etwas für die Weißen. Meine Freunde und ich hatten, als wir klein waren, Fußball gespielt, aber Rugby interessierte uns nicht die Bohne. Wir wuchsen mit diversen Abwandlungen der Aussage auf: »Rugby ist ein Rowdyspiel für feine Herren. Fußball ist ein Herrenspiel für Rowdys.« In diesem Bild waren wir die Rowdys, und wir wollten Rebellen sein. Als Kinder hatten wir

immer Geschichten gehört von unseren Eltern und ihren Gefährten in der Befreiungsbewegung ANC, für uns war das Coolness
schlechthin: zu rebellieren, uns gegen das System zu stellen.

Die WM von 1995 war das erste Rugbyspiel, das ich – und wahrscheinlich gilt das für sehr viele Schwarze – je gesehen habe. Ich
war nicht im Stadion, sondern sah es zusammen mit ein paar Verwandten und Freunden im Fernsehen. Besonders wurde es für
mich dadurch, dass mein Vater dazukam und es mit uns ansah.
Er war gerade eine Zeit lang in einer Entzugsklinik gewesen – was
ich allerdings damals nicht wusste – und versuchte, sein Leben
wieder in den Griff zu bekommen und zu studieren. Ich wusste
nur, dass das Rugbyspiel dadurch, dass er da war, ein viel größeres Event war als ohne ihn. Er fand es aufregend, dass Südafrika
so gut dastand.

»Denkt mal, ein Jahr Unabhängigkeit, und wir schaffen es ins
WM-Finale!«, meinte er.

Lustig war es auch, Madiba im Fernsehen zu sehen, lächelnd
in seinem Springbok-Trikot. Die meisten Schwarzen sahen das
Spiel nur seinetwegen, und ich glaube, genau dadurch wurde es
auch ein so wichtiges Ereignis. Indem er als Anführer auftrat, dem
an allen Menschen in diesem Land gelegen war, auch an der weißen Minderheit, wollte er ganz klar das Land einen. Es war eine
Herkulesarbeit, und viele hielten die Aufgabe für unmöglich, bis
Madiba das Spielfeld betrat und uns erinnerte: *Kuhlangene isanga nenkohla* (»manchmal sind das Wunderbare und das Unmög-
liche ein und dasselbe«).

Aus humanitären wie aus strategischen Gründen standen Kinder
für Madiba an erster Stelle. Schon wenige Wochen nach der Amts-
übernahme richtete er den *Presidential Trust Fund* ein, die Vor-
gängerorganisation des *Nelson Mandela Children's Fund*, für

den er jährlich 150 000 Rand stiftete (etwa 12 000 Dollar). Das war ein Drittel seines Präsidentengehalts. Als er das ankündigte, erklärte er vor dem Parlament: »Die Emanzipierung der Menschen aus Armut und Not steht in elementarem Zusammenhang mit einer guten Bildung.«

Dass der Mehrheit der schwarzen Bevölkerung über Generationen hinweg alle Möglichkeiten genommen waren, hinterließ eine der tiefsten Narben der Apartheid, und diesen Nachteil konnte das Ende der Apartheid nicht aufheben. Diese Erinnerungen brannten von frühester Kindheit an in uns. Rund um uns gab es nur Kämpfe, Unruhe in den Familien, bittere Armut und eine Hoffnungslosigkeit, die unsere Eltern schwer belastete. Im Großen gesehen war für den Alten Mann Bildung ein Teil des andauernden Kampfes für die Befreiung der Schwarzen, ihr einziger Weg zu wirtschaftlicher und sozialer Gleichheit. Im Kleinen sah er mich. Er ließ mich, als ich zu ihm zog, von Anfang an wissen, dass er von mir exzellente Leistungen erwartete, was mich ziemlich umhaute, weil ich immer ein eher mittelmäßiger Schüler gewesen war. Nur ab und zu brachte ich eine gute Note nach Hause. Mein Großvater war nicht täglich hinter meinen Hausaufgaben her, für ihn zählten die Ergebnisse. Ich fürchtete mich jedes Mal, wenn ich ihm meine Tests und Zeugnisse zeigen musste.

»Du bist schlauer als das hier, Ndaba«, sagte er dann. »Du musst besser werden. Du bist ein Mandela. Die Leute erwarten von dir, dass du ein Anführer bist. Du solltest Klassenbester werden.«

»Ja, Granddad.«

Wie jedes Kind sagte ich das brav nach, aber innerlich dachte ich mir, *pah, egal!* Ich wollte kein Anführer sein. Ich war stolz auf meine Aura als böser Junge, war gerade ziemlich gewachsen, und Lernen interessierte mich null. Nach der Schule hing ich am liebsten rum, heckte Streiche aus, schrieb die Hausaufgaben von meinen Kumpels ab und ließ die Dinge laufen. Ich war schlau genug, mich bei den Tests meistens passabel durchzumogeln, und das reichte mir. Madiba aber reichte das nicht. Es ärgerte ihn maßlos, wenn er mitbekam, wie jemand sein Potenzial nicht nutzte, und besonders frustrierend fand er es, dass er mich offenbar nicht dazu bringen konnte, mich für die Schule anzustrengen. Er war extrem viel beschäftigt, hatte extrem hehre Prinzipien und bestimmt keine Zeit, einen sturen Zwölfjährigen ständig im Auge zu behalten, aber meine Bildung war ihm sehr wichtig.

Eines Abends sagte er mir beim Abendessen, dass ich auf die Ridge School wechseln würde, eine private Jungenschule mit Internat. Die Nachricht traf mich wie ein Schlag in die Magengrube. Ich hatte mich an mein neues Zuhause gewöhnt und war dort ziemlich glücklich, aber der Alte Mann war viel auf Reisen, sodass ich häufig Rochelle, Mama Xoli und den Security-Leuten überlassen blieb. Im Rückblick verstehe ich, warum er fand, ich wäre im Internat der Ridge School besser aufgehoben. Vielleicht dachte er, wenn er weg war, wäre ich einsam, und das war ich auch manchmal, aber ich war immer noch lieber in meinem eigenen Zimmer einsam als unter einer Horde von Jungs, die ich nicht kannte.

»Es ist nicht weit weg«, sagte der Alte Mann. »Du kannst jedes Wochenende nach Hause kommen.«

Ich nickte. Mein Magen fühlte sich leer und komisch an.

»Du bist selbst für deine Schuluniform verantwortlich«, sagte er. »Du musst sie sauber und ordentlich halten. Du musst fleißig lernen, Ndaba. Du bist ein intelligenter Junge, du kannst sehr gute Noten bekommen, und genau das erwarte ich von dir.«

»Ja, Granddad.«

Er drückte mir fest die Hand. »Mach dir keine Sorgen. Das wird gut dort. Du kannst Tennis und Rugby spielen.«

Rugby. Innerlich zuckte ich zusammen. *Wow.*

Am nächsten Montagmorgen brachte mich der Fahrer nicht in meine damalige Schule, das Sacred Heart, sondern ins Internat. Als wir durch den Stadtverkehr fuhren, dachte ich an meine Freunde, die gerade in die Schule kamen und sich fragten, wo ich blieb.

Der Fahrer bog ab, fuhr durch ein breites schmiedeeisernes Tor in einer langen Feldsteinmauer, und ich durchlief sämtliche Formalitäten der Registrierung und Einweisung. Ich bekam meine Uniform: ein hellblaues Hemd mit königsblauer Krawatte, graue Shorts, eine graue Weste, einen grauen Blazer. Auf dem steifen Kragen des kratzigen Blazers prangte das Schulwappen, ein fein gezeichneter Schild mit einem R und einem S darin. Das R und das S waren ineinander verschlungen, als versuchten sie, einander zu erwürgen. Im Schlafsaal zog ich meine Uniform an, und dann ging ich in den Unterricht, wo ich herumsaß und die Minuten zählte, bis ich wieder nach Hause durfte.

Die Ridge School wurde 1919 gegründet. Die hübsche Anlage erstreckt sich auf dem Westcliff Ridge über acht Hektar Land oberhalb der besseren Vororte von Johannesburg. Die großen gemauerten und mit Stuck verzierten alten Gebäude sind ein hervorragendes Beispiel für die kapholländische Architektur. Es gab ein Schwimmbecken und Tennisplätze, und zwischen den gemauerten Terrassen lag ein großes grünes Feld, wo die Jungen Rugby und Cricket spielten.

Ich saß direkt dem Klassenlehrer gegenüber, der mich über sein riesiges Pult hinweg anlächelte und mir erzählte, die Schule ziele darauf ab, leistungsstarke Schüler heranzuziehen. Sie sollen selbst denken können, ihre Meinung sagen, hervorragende Sportler sein und mit Bestnoten ihren Highschoolabschluss, in Südafrika »Matric« genannt ablegen.

An der Ridge School gab es alle Klassen von der ersten bis zur siebten, ich war also irgendwo in der Mitte der Grundschüler. In der langen, stolzen Schulgeschichte hatte es an der Schule nur eine Handvoll schwarze Jungen gegeben. Das war, erst wenige Jahre bevor ich dort hinkam, überhaupt möglich geworden – ich gehörte also zu einer verschwindend kleinen Minderheit, und schnell stellte ich fest, dass mein berühmter Familienname mich sogar noch weiter isolierte. Bestimmt ist die Ridge School eine sehr gute Schule, aber ich hasste sie, denn ich war dort unendlich einsam.

Eines Sonntags nach dem Abendessen sagte ich zu Madiba: »Granddad, ich will dort nicht wieder hin.«

»Ndaba, das ist eine der besten Grundschulen in ganz Südafrika«, sagte er. »Halt noch ein bisschen durch. Du wirst dich schon eingewöhnen. Du findest dort Freunde.«

»Freunde habe ich schon in *meiner* Schule.«

»Kann man überhaupt zu viele Freunde haben?« Lächelnd hob er die Hände. »Ndaba, du bekommst dort die allerbeste Ausbildung. Es sind doch nur ein paar Jahre. Nur bis zur siebten Klasse.«

»Granddad, ich hasse diese Schule!« Ich tat mich schwer, es ihm auf Englisch zu erklären. Auf isiXhosa hätte es bestimmt mannhafter geklungen, nicht so, als hätte ich Angst oder würde gleich losheulen. »Ich bin dort an allem schuld, nur weil ich schwarz bin! Wenn etwas kaputtgeht – bestimmt hat das schwarze Kind das kaputt gemacht. Wenn etwas vermisst wird – bestimmt hat das schwarze Kind es gestohlen.«

Madiba saß wortlos da und steckte meine Worte ein. Sein Gesicht legte sich in Falten.

Mein Großvater hatte eine Art zuzuhören, die ich als Erwachsener versuche nachzuahmen. Er hörte zu, reglos und konzentriert, als würde er jedes Wort unters Mikroskop legen. Er versuchte, mir nicht zu sagen, dass ich unrecht hatte oder dass meine Meinung eigentlich irrelevant war, weil ich bloß ein Kind war, und er zwang mich nicht weiter an die Ridge School. Als Kompromiss schlug er vor, ich sollte von zu Hause aus die Houghton Primary School besuchen, wo es Jungen und Mädchen gab und mehrere Schwarze. Das versuchte ich eine Zeit lang, aber ich vermisste meine Freunde und Cousins auf dem Sacred Heart. Wieder und wieder plädierte ich für meine Sache – Sacred Heart war für den Fahrer nur wenige Blocks weiter als die Houghton Primary, ich würde mich bemühen und bessere Noten heimbringen, ich würde hart arbeiten und sein Vertrauen belohnen. Irgendwann gab Madiba nach, und ich kam zurück auf das Sacred Heart.

Noch einmal zu diesem Michael-Jackson-Video von *Bad*: Interessanterweise ist die Langversion, ein Kurzfilm von Michael Scorsese, nämlich die Geschichte eines schwarzen Jungen, der ein überwiegend weißes Internat besucht und, als er nach Hause kommt, feststellt, dass er nur schwer wieder bei seinen alten Kumpels andocken kann.

Meine Freunde freuten sich, aber es hatte doch einen kleinen Knacks gegeben, der in den nächsten Jahren spürbar blieb. Auch als ich wieder bei meinen Kumpels war, bei meiner Clique, fühlte ich mich sehr allein.

Tante Makaziwe tat es mit einem Schulterzucken ab. »Du bist eben ein Mandela.«

»Das ist meinen Freunden doch egal«, erwiderte ich. Das hier waren die Gents, die Jungs kannte ich schon mein Leben lang.

»In deinem Leben wirst du noch viele Leute kennenlernen«, entgegnete sie. »Wenn ein oder zwei davon noch echte Freunde sind, wenn du mal so alt bist wie ich, dann hast du großes Glück.«

Ich verdrehte die Augen. »Ich bin doch kein Versager! Ich habe mindestens ein Dutzend Freunde.«

»Soso.« Sie lächelte nur und nickte. In diesem Moment war es ihr nicht wichtig, dass ich verstand, wie recht sie hatte. Sie wusste, dass ich groß werden und es selbst begreifen würde.

Nach dieser kurzen Abwesenheit konnte ich mein Zimmer ganz neu genießen, mein Sega und natürlich Mama Xolis gegrilltes Huhn, die Lachskroketten und den Kabeljau mit Kartoffeln. Ich denke, Mama Xoli war froh, mich wiederzuhaben, denn große Künstler sehen es immer gern, wenn ihre Arbeit Wertschätzung findet, und mich brauchte sie nie zum Essen zu ermuntern. Sie und Mama Gloria hatten selbst Kinder, und manchmal saßen wir alle zusammen um den Küchentisch – da ging es viel lauter zu als bei den weitgehend schweigenden Mahlzeiten mit Madiba. Er reiste viel und kämpfte mit den riesigen Problemen, die sich ihm Tag für Tag stellten.

Jenseits der scheinbar kleinen Frage um unsere Nationalhymne stand er auch auf der Bühne der Weltpolitik. Vielleicht verblüfft es manchen Amerikaner zu erfahren, dass der Alte Mann bis 2008 auf der Terrorismus-Watchlist der USA stand. Sein erstes Fernsehinterview gab Madiba 1961, als er sich von Brian Widlake von ITN in einem Haus besuchen ließ, in dem er sich vor der Polizei versteckte. Widlake fragte: »Glauben Sie, die Afrikaner können sich in diesem Land entwickeln, ohne dass die Europäer verdrängt werden?«

»Wir machen das in unserer Politik sehr deutlich«, erwiderte Madiba. »Südafrika ist ein Land mit vielen Rassen. Es gibt in diesem Land Platz für all diese verschiedenen Rassen.«

Dann erklärte er klar und deutlich, das einzige Ziel des ANC sei Demokratie: eine Stimme pro Einwohner. Von diesem Standpunkt wich er nie ab, und er sprach sich konsequent für Frieden und Gewaltfreiheit aus – trotzdem wurde er ein Jahr nach diesem Interview verhaftet und zu lebenslänglichem Zuchthaus verurteilt.

Jetzt aber hatte er die Macht zu tun, was er wollte, und die Menschen konnten nur schwer akzeptieren, dass er immer noch zur Nachsicht aufrief. Ich selbst tat mich auch schwer damit, ganz einfach weil ich weiß, dass ich nicht das Zeug habe, siebenundzwanzig Jahre lang im Gefängnis zu sitzen und dann freizukommen und von Vergebung für die Leute zu reden, die mich eingesperrt haben. Damals kam mir das übermenschlich vor, und wenn auch mein Verständnis für die Situation sich seither entwickelt hat, bleibt mein Respekt vor ihm unverändert.

Damals, in dem Interview von 1961, war Madiba nur etwa fünf Jahre älter als ich heute, und schon damals hatte er diese besondere Art zuzuhören, die ich später so oft an ihm beobachtet habe. Er war undurchschaubar wie die Sphinx, aber es gibt einen Moment – nur der Bruchteil einer Sekunde –, wo ich ein kleines Zucken in seinen Augen sehe. Sie können es auf YouTube anschauen, dann wissen Sie, was ich meine. Widlake stellt diese Frage, ob die Europäer verdrängt würden, wenn die Afrikaner sich »in Afrika entwickeln könnten«, und in dem Sekundenbruchteil zwischen Frage und Antwort ist da so ein Moment von *Meinst du das wirklich?* Die Frage wurde ganz offensichtlich aus einer Position der Angst heraus gestellt; Widlake sagte nur das, was jeder andere dachte. Doch die Afrikaner hatten den Kontinent über Jahrtausende hinweg »entwickelt«, bevor die Europäer kamen. Die Afrikaner hatten eine reiche Kultur, starke soziale und familiäre Bindungen und einen großen natürlichen Ressourcenreichtum, bevor die Europäer kamen, sich das Land aneigneten und ihre Krankheiten verbreiteten. (Klingt das irgendwie vertraut, Amerika?)

Die Andeutung, dass die Europäer »verdrängt« würden und die Afrikaner sich dann »entwickeln könnten«, war also mehr als ironisch. Madiba hätte da in die Luft gehen können, und wie ich schon sagte, er konnte sehr wütend werden und einen wirklich zur Schnecke machen. Seine außergewöhnliche Größe bestand darin, dass er sich dagegen entschied. In diesem Augenblick und in Millionen anderen Augenblicken entschied er, wenn er es mit jemandem zu tun hatte, der völlig danebenlag, vorwärtszugehen statt rückwärts. Er entschied sich, Gemeinsamkeiten zu finden statt erneut eine Schlacht anzuzetteln, die seine Vorfahren bereits verloren hatten.

Er sprach von der Möglichkeit des Friedens statt der Konfliktspirale, die nirgendwohin führte. Ich frage mich, wie das Gesprächsklima im Internet sich verändern würde, wenn mehr Menschen das Bedürfnis hintanstellen könnten, immer in allem recht zu haben. Was würde passieren, wenn der Wunsch, das Richtige zu tun, stärker wäre als der Wunsch, anderen zu beweisen, dass sie unrecht haben?

Madiba erzählte immer wieder gern die *Geschichte von der Dame am Telefon*: Während des Wahlkampfs vor seiner Wahl zum Präsidenten will er irgendetwas erledigen, greift zum Telefon und fragt die Dame am Ende der Leitung: »Mit wem spreche ich?«

Resolut antwortet sie: »Sie sprechen mit *mir*.«

Höflich fragt er sie nach ihrem Namen, aber sie gerät in Rage. »Wer sind Sie, mich nach meinem Namen zu fragen? Wie heißen *Sie* denn?«

»Tja, sagen Sie mir Ihren Namen, dann sage ich Ihnen meinen«, erwidert er, und so geht es eine Weile hin und her. Sie begreift nicht, dass er sich bescheiden gibt und ihr eine Peinlichkeit ersparen will, und da sagt sie: »Sie scheinen ja ziemlich rückständig zu sein. Haben Sie überhaupt Ihr Matric?«

Er warnt: »Seien Sie vorsichtig. Wenn die Voraussetzung, um mit Ihnen sprechen zu dürfen, in einem Highschoolabschluss besteht, dann könnte ich mich besonders anstrengen, ihn ablegen und auf einer Stufe mit Ihnen stehen.«

Für die Dame war das undenkbar. »Sie werden niemals auf meiner Stufe stehen.« Und damit legte sie auf.

Madiba beendete die Geschichte immer mit einem verschmitzten Lächeln. »Ich wünschte, sie wäre heute hier!«

Natürlich erntete er mit der Geschichte immer großes Gelächter, aber ich glaube, er erzählte sie nicht nur deshalb. Er sprach nie aus, dass diese Dame ihn, wenn sie gedacht hätte, sie spräche mit einem Weißen, niemals so behandelt hätte. Genau genommen sagte er auch nie explizit, dass sie eine Weiße war. Es geht in dieser Geschichte nicht um ihre Hautfarbe. Es geht um ihre Vorurteile. Es geht darum, dass auf Vorurteilen beruhende Annahmen uns wirklich dumm dastehen lassen. Vielleicht wäre es für ihn eine kleine Genugtuung gewesen, wenn er ihr seinen Namen genannt und ihr damit ein schlechtes Gefühl gegeben hätte, aber bestimmt war es eine größere Genugtuung, die Geschichte zu erzählen und die Leute lachen zu hören über die Dummheit eines blinden Rassismus.

Wenn der Alte Mann nach einer Auslandsreise nach Hause kam, schaute er immer in meinem Zimmer vorbei, auch wenn es schon kurz nach zehn Uhr war, meiner strengen Bettgehzeit. Ich freute mich jedes Mal, wenn ich in der Eingangshalle seinen Schritt hörte. Ich rannte ihm nicht entgegen, warf mich nicht in seine Arme. Auf diesen Gedanken kam ich gar nicht. Wir begrüßten einander mit Handschlag, würdevoll und mannhaft, und er fragte mich nach der Schule und meinem Sport. Er war abends meistens sehr müde, ich versuchte also nicht, ihn in ein langes Gespräch zu verwickeln. Ich wusste, dass er am nächsten Tag früh aufstehen würde, und wenn ich auch früh aufstand, konnten wir zusammen trainieren.

Madiba hing geradezu hingebungsvoll an seinem Morgenspaziergang, und daneben bestand sein tägliches Trainingsprogramm normalerweise aus einer wechselnden Kombination von Seilspringen, Liegestützen und Hanteltraining. Er zeigte mir den Umgang mit dem Medizinball und brachte mir seine Lieblingsübungen bei. »Beug dich vor, so. Gut. Und jetzt stemm ihn hoch. Nach oben! Gerade nach oben! Genau. Sehr gut. Jetzt auf die Seite. Halt ihn oben, Ndaba, auf Schulterhöhe.« Im Rückblick sind mir diese frühen Morgenstunden mit meinem Granddad sehr wichtig, obwohl es schwer war, mit ihm mitzuhalten. Er war fast achtzig Jahre alt, aber er legte immer viel Wert darauf, sich um sich und seine Gesundheit zu kümmern, und das gerade auch im Gefängnis.

»Auf der Insel«, sagte er, »war manchmal von Hungerstreik die Rede, aber dann sagte ich: ›Warum sollten wir, wo wir schon jetzt ums Überleben kämpfen, uns selbst noch mit Entbehrungen strafen?‹ Nein, nein. Wir mussten alles Fleisch und Gemüse, das wir haben konnten, essen. Wir mussten uns um unseren Körper kümmern, mussten uns stärken für den Widerstand. Besser war es, sie zu bestrafen mit Bummelstreiks und Arbeitsverweigerung.«

Die Kargheit seines Gefängnislebens war ein krasser Gegensatz zu seinem schönen Leben in Qunu, seinem Heimatdorf. Während wir uns mit dem Medizinball beugten und streckten und drehten, erzählte er mir, wie er damals einem alten Bullen auf den Rücken kletterte und hinter der Hütte seiner Mutter über die Felder ritt.

»Irgendwann fahren wir mal dorthin, Ndaba. Dann zeige ich dir, wo dein Alter Mann herkommt«, sagte er. »Du hast doch Lust darauf, oder?«

»Ja, Madiba.« Schnaufend überlegte ich, wie es wohl war, auf einem Bullen zu reiten.

»Ich wurde in Mvezo geboren, wo mein Vater Stammesoberhaupt war, aber in Qunu war ich als Kind am glücklichsten. Natürlich musste ich meinem Vater gehorchen, und wir hielten uns alle an die Stammessitten, aber abgesehen davon war ich frei und konnte tun und lassen, was ich wollte. Als du geboren wurdest, Ndaba, musstest du um deine Freiheit kämpfen, aber wenn du groß bist, wirst du frei leben. Ich bin frei geboren – ich konnte schwimmen, laufen, gehen, wohin ich wollte, tun, was ich wollte –, und dann wurde ich groß. Ich wurde ein Mann und ging in die Welt hinaus und entdeckte, dass diese Freiheit, die ich als Kind so genoss, in Wirklichkeit eine Illusion war.«

Wir hielten die Medizinbälle in die Höhe und blieben in der Position, bis ich meinte, mir würden gleich meine Arme abfallen. Dann klopfte er mir auf die Schulter und sagte: »Bleib dran!«, bevor er mich unter die Dusche und in die Schule schickte. Ich merkte gar nicht, wie Madibas Geschichten sich allmählich einen Weg in die langsam erwachende Wahrnehmung meiner Umwelt bahnten, in mein »politisches Bewusstsein« einsickerten, wie man auch sagen könnte. Es erwachte schon sehr früh, weil der ANC in meiner Kindheit eine Art erweiterte Familie war. Ich wusste, was Apartheid ist, und ich wusste, dass wir sie bekämpfen mussten, aber in meinem Verständnis reduzierte sich sehr viel auf ein »Schwarz gegen Weiß«.

Madiba schrieb in *Der lange Weg zur Freiheit:* »Freiheit ist unteilbar. [...] Ich wusste so gut, wie ich nur irgendetwas wusste, dass der Unterdrücker genauso befreit werden musste wie der Unterdrückte. Ein Mensch, der einem anderen die Freiheit raubt, ist ein Gefangener des Hasses, er ist eingesperrt hinter den Gittern von Vorurteil und Engstirnigkeit. [...] Der Unterdrückte und der Unterdrücker sind gleichermaßen ihrer Menschlichkeit beraubt.«[4]

Hier liegt der Ursprung von Madibas Mitgefühl für die weiße Bevölkerung Südafrikas, so unbegreiflich das vielen seiner Gefährten im Freiheitskampf auch war. Sie zu hassen hätte bedeutet, ein Gefängnis gegen ein anderes einzutauschen. Also feierte er mit ihnen den Sieg der Springboks, und er ließ ihnen eine Zeit lang diesen stumpfsinnigen Marsch als Nationalhymne, und dann entwickelte er ganz geduldig, über die richtigen Kanäle und Komitees und in einem längeren Prozess, eine neue Hymne, die *Die Stem van Suid-Afrika* mit einer alten Hymne verband, *Nkosi Sikelel' iAfrika* (»Der Herr segne Afrika«).

Albertina Sisulu war 1964 im Gerichtssaal dabei, als im Rivonia-Prozess Madiba mit sechs ANC-Gefährten, darunter Walter Sisulu, zu lebenslanger Gefängnisstrafe verurteilt wurde. Sie durfte nicht mit ihrem Ehemann sprechen, aber sie lief nach draußen, um einen möglicherweise letzten Blick auf ihn und Madiba und die anderen zu werfen, die für sie wie ihre eigene Familie waren. Als sie abgeführt wurden, stellten sich Albertina und andere Frauen der ANC Women's League auf dem Church Square in Pretoria zu einer Ehrengarde auf.

Als Kind konnte ich *Nkosi Sikelel' iAfrika* nicht hören, ohne herauszuhören, wie den ANC-Frauen dabei das Herz brach. Zunächst ist die Melodie sehr getragen, aber dann steigt sie auf zum Refrain. Welch ein Glaube an die Zukunft, die so lange Zukunft blieb, aber zu Albertinas Lebzeiten doch noch wirklich eintrat, weil sie und ihre Mitstreiter sie eintreten ließen! Sie saßen nicht tatenlos herum und warteten, bis Gott etwas unternahm. Ihr Glaube an diese Zukunft war ein unerschütterlicher Glaube an sich selbst.

Der Text auf isiXhosa lautet:
Nkosi sikelel' iAfrika
Maluphakanyisw' uhondo lwayo

Auf Afrikaans:
Hou u hand, o Heer, oor Afrika
Lei ons tot by eenheid en begrip

Auf Englisch:
Lord, bless Africa
May her spirit rise high up ...[5]

Madiba sang das Lied mit Begeisterung in jeder Sprache, und ich verstehe jetzt, warum er wollte, dass auch ich in allen drei Sprachen – isiXhosa, Afrikaans und Englisch – zu Hause bin. Das elegante isiXhosa steht für den Ort, von dem ich komme. Afrikaans stellte mich auf ein gleichberechtigtes Spielfeld mit meinen weißen Mitbürgern. Und Englisch öffnete mir die Tür zum Rest unseres Kontinents und zu der Welt darüber hinaus.

KAPITEL 5

Pula-pula ulwalathiso lomoya.

»Horch, wohin
der Wind weht.«

»Now this is the story all about how my life got flipped, turned upside down ...« Wie Millionen Kinder meines Alters konnte ich den vollständigen englischen Titelsong aus der Sitcom *Der Prinz von Bel-Air* mit Will Smith fehlerfrei mitrappen. Jeden Nachmittag hing ich vor dem Fernseher und sah die Serie, bevor der Alte Mann aus dem Büro kam. Die Ähnlichkeiten mit meinen eigenen Lebensumständen waren nicht zu leugnen. Ein armer schwarzer Junge wird dank glücklicher familiärer Umstände im Auto aus einem Großstadtslum in die noble Vorstadt kutschiert, wo er ein supercooler Fisch auf dem Trockenen ist und beschließt, »einfach abzuhängen«.

Wirklich cool an dieser Serie war – wobei mir das damals gar nicht so auffiel – die Gegenüberstellung von Mentor und Mentee. Dass der Junge von dem Kulissenwechsel profitierte, war offensichtlich, das musste mir DJ Jazzy Jeff gar nicht erst vorbeten. Es ging aber genauso darum, wie der Junge das Leben des reichen Onkels bereicherte und ihm eine neue Welt eröffnete.

Mein Großvater war sich sehr bewusst, wie viel er in seinen siebenundzwanzig Jahren im Gefängnis verpasst hatte, und er freute sich, wieder – oder erstmals – mit der jüngeren Generation seiner Familie in Kontakt zu kommen. Als er aus dem Gefängnis kam, wollte er einfach nur zurück zu seiner Familie und von dort aus weiter für den ANC arbeiten. Er hielt sich kurz bei seinem Freund Erzbischof Desmond Tutu auf, dann ging er in sein Heimatdorf Qunu, weil »ein Mann ein Haus in Sichtweite seines Geburtsorts haben sollte«. Er ließ sich dort ein Haus bauen, das fast identisch war mit dem, in dem er sich aufhielt, als ich ihm zum ersten Mal begegnet bin: dem Wärterhaus im Victor-Verster-Gefängnis. Das fand nicht nur ich ziemlich merkwürdig, aber der Alte Mann tat es mit einem Schulterzucken ab.

»Ich war dort alles gewohnt«, sagte er. »Ich wollte nicht nachts herumirren und die Küche suchen.«

Ich glaube, im Grunde wollte er in Ruhe leben, Bücher schreiben, Reden halten und als Privatmann seinen Einfluss ausüben. Als er als ANC-Kandidat für die ersten demokratischen Präsidentschaftswahlen vorgeschlagen wurde, war er zunächst dagegen. Er fand, der Kandidat oder die Kandidatin müsste unbedingt jünger sein, jemand, der in der Kultur gelebt hatte, nicht von ihr abgeschnitten, und der etwas von den neuen Technologien verstand, die weltweit gerade alles umwälzten.

In der Schlussphase des Wahlkampfs kam es zu heftigen gewalttätigen Auseinandersetzungen zwischen Anhängern der Inkatha Freedom Party, die meist Zulu waren, und dem ANC, dessen Führungsriege (damals) überwiegend aus Xhosa bestand, während die Mitglieder stärker gemischt waren als in allen anderen Parteien. Der weißen Regierung kam es gelegen, dass diese Fraktionen mit Macheten aufeinander losgingen, denn so wirkte es, als könnten die Schwarzen sich nie auf zivilisierte Art und Weise zusammenfinden, um ihr eigenes Land zu regieren. Viel Aufmerksamkeit erhielten die barbarische »Halskrausenmethode«, bekannt als *Necklacing* – dabei wird dem Opfer ein mit Benzin getränkter Autoreifen um den Hals gelegt und in Brand gesteckt –, sowie ungeheuerliche Fälle von Straßengewalt, bei der die weiße Polizei oft tatenlos zusah.

Madiba plädierte für den Frieden, und es wurde immer deutlicher, dass er als Einziger in der Lage war, die Menschen zusammenzuführen und das Land einem Zustand näher zu bringen, der der nationalen Einheit ähnelte. Dass er in all diesen Jahren von der Gesellschaft abgeschnitten gewesen war, hatte ihm diesen »Dreißigtausend-Fuß-Blick« des wahren Anführers verliehen, die Vogelperspektive, die das Gesamtbild sah, ohne sich von dem alltäglichen Klein-Klein ablenken zu lassen. Trotzdem wusste er, als er im Amt war, dass er auch die jugendliche Perspektive brauchte, und ich glaube, ihm die zu liefern war zum Teil mein Part. Mehr *Prinz von Bel-Air* brachte aber wahrscheinlich mein großer Bruder Mandla in das Haus in Houghton.

Mandlas Mutter Rose war die erste Frau meines Vaters. Sie ließen sich scheiden, als mein Bruder noch ganz klein war, und sie ging mit ihm nach London, bevor mein Vater meine Mutter kennenlernte und heiratete.

Ich lebte seit etwas mehr als einem Jahr bei dem Alten Mann, als mein Bruder Mandla dazukam, und ich war seitdem in meinem Leben nie wieder so glücklich, jemanden zu sehen. Als Präsident war mein Großvater viel auf Reisen und hatte sieben Tage pro Woche lange, harte Arbeitstage. Alle im Haus waren gut zu mir, aber manchmal war es wirklich sehr einsam. Mandla war eine Verbindung zu meinem Vater in einer Zeit, in der er sehr weit weg schien. Mandla hatte seine Kindheit mit seiner Mutter in London verbracht, er war weltgewandt und selbstbewusst. Eine Zeit lang ging er auf die Waterford Kamhlaba, eine Privatschule, die seinerzeit auch meine Tanten Zindzi und Zenani besucht hatten. Inzwischen ging er von zu Hause aus auf die Uni, wobei er kaum mehr Interesse für sein Studium zeigte, als ich für die siebte Klasse aufbringen konnte.

Ich verehrte Mandla. Für mich war er der Coolste aller Coolen. Er war mein Idol. Ich war gerade dreizehn geworden, und Mandla war neun Jahre älter als ich, war also schon »auf den Berg gegangen« und lebte das aufregende Leben eines Twens – er ging in Clubs, verabredete sich mit Frauen und fuhr ein schönes Auto. Er war fast so groß wie der Alte Mann, aber er war kräftiger gebaut, eher wie Madiba als junger Mann, bevor ihn das Gefängnis mager und selbstbeherrscht werden ließ. Es war das Jahr 1996, für Mode und Musik in Europa und in den USA die Zeit des Grunge, aber Mandla war davon meilenweit entfernt. Er ging vom Glitter und Lack der 1980er-Jahre direkt über zum Hip-Hop mit Baseballkappe und Ice-Cube-Bomberjacke.

Mandla war ein ambitionierter DJ, er hatte eine legendäre CD-Sammlung und kannte sich im Hip-Hop und Rap der ganzen Welt aus wie ein wandelndes Lexikon. Ich war es gewohnt, in das stille Haus zu kommen und direkt in die Küche zu gehen, wo Mama Xoli ihre Gospelsongs hörte – und bitte verstehen Sie mich nicht falsch, südafrikanische Chormusik ist etwas Wunderbares –, aber jetzt liebte ich es, die Tür aufzumachen und direkt den pulsierenden Bass aus Mandlas Zimmer zu hören, das in der Nähe von meinem lag. Ich wurde zum Hip-Hop-Experten, weil Mandla ein totaler Hip-Hop-Experte war. Er war mein Held. Ich lag ihm zu Füßen. Egal, was er hörte, ich wollte alles darüber wissen, und damals waren das vor allem Hip-Hop und Rap, und vielleicht fünf Prozent Reggae.

Davor standen meine Freunde und ich auf *Kwaito*, eine Variante der Housemusic, die durch einen geschickten Einsatz der neuen Mixtechniken lange Basslinien, Percussionloops und traditionelle afrikanische Gesänge kombinierte. Es war so etwas wie unsere Hip-Hop-Version, bevor der Hip-Hop in Südafrika wirklich Einzug hielt.

Kwaito entstand Anfang der 1990er-Jahre in den Gettos von Johannesburg. Der Name ist abgeleitet von dem Afrikaans-Wort *kwaai*, das heißt »wütend«, und von *Amakwaito,* einer alten Schülergang aus den 1950ern. Der Musikstil mischte querbeet afrikanische Musik der letzten sieben Jahrzehnte bis hin zu den verkratzen Aufnahmen aus den 1920er-Jahren und aktuelle britische und amerikanische Clubmusik. Madiba mochte *Kwaito.* Manchmal konnte man ihn bei einer ganz speziellen Tanzbewegung erwischen – kleine Schritte nach vorne und hinten, während die Ellbogen im 90-Grad-Winkel auf der Seite schwingen; das wurde bekannt als der *Madiba shuffle.* In vielerlei Hinsicht verkörperte *Kwaito* seinen Wunsch, einen Raum für junge Stimmen zu bieten, die den Geist und die Traditionen der afrikanischen Kultur optimistisch ins Heute einbringen sollten. Er konnte keine E-Mails verschicken, aber er spürte, dass eine Technologierevolution ins Haus stand, und er wollte, dass Südafrika sie nicht verpasste.

Ich dagegen fand *Kwaito* einfach nur cool, und als dann Mandla daherkam und ihn mit Rap und Hip-Hop noch einen Schritt weiter brachte, haute mich das um. *Kwaito* hatte eine politische Seite, aber es ging vor allem um Stolz, Fröhlichkeit und eine innere Freiheit, die die Unterdrückung durch die Apartheid uns nicht austreiben konnte. Das Zeug, das Mandla hörte, kam dagegen direkt aus Compton und Liverpool, und es strotzte von Empörung und Revolution. Da war diese Aggressivität, diese Energie, die einen stolz machte, Schwarzer zu sein, stolz, herzukommen, von wo man kam.

Der Hip-Hop verbreitete damals eine klare Botschaft über unsere sozioökonomischen Bedingungen und Herausforderungen, über unglaublich harte Wahrheiten, mit denen die Leute damals konfrontiert waren. Seine mächtige Wirkung entfaltete er, weil er politisches Bewusstsein weckte und ihm eine Stimme gab. Er forderte Respekt. »Da musste man vom ersten Tag an Respekt einfordern«, sagte Madiba über seine ersten Jahre auf Robben Island, und eine ähnliche Dynamik hatte damals der Hip-Hop. So in der Art: »Yeah, wir wissen, wofür *ihr* euch haltet, aber wir sind eben *so*.« Das stärkte unser Selbstbewusstsein und unseren Stand gegenüber den Gleichaltrigen. Diese Stimme und die Bedrängnis, aus der sie kam, konnte keiner mehr ignorieren.

Beim Abendessen ging es sehr viel lebhafter zu, wenn Mandla dabei war. Da er bereits auf den Berg gegangen war, unterhielten sich der Alte Mann und er von Mann zu Mann. Madiba und ich waren uns nähergekommen, ihr Gespräch aber spielte sich auf einer anderen Ebene ab. Ich war alt genug, das zu spüren und eifersüchtig zu sein. Ich war gar nicht so begierig darauf, auf den Berg zu gehen, aber ich dachte mir, dass es cool sein musste, gleichberechtigt an diesen Gesprächen über Politik, das aktuelle Geschehen und sogar über Mädchen teilzunehmen. Das alles interessierte mich mächtig, aber ich überlegte noch, wie ich diese Themen am besten angehen und sie in Taten umsetzen sollte – besonders die Sache mit den Mädchen. In dieser Hinsicht war ich ein kleiner Spätzünder. Mein liebstes Schulfach war Geschichte, aber ich hatte noch nicht richtig angefangen, die Ereignisse der Geschichte mit der aktuellen Weltpolitik in Bezug zu setzen beziehungsweise die Weltpolitik mit den aktuellen kulturellen Trends. Mandla dagegen hatte eine explizite politische Meinung, war über die kulturelle Wende recht gut im Bilde und betrachtete sich selbst als gewieften Frauenhelden.

Nicht lange nachdem er zu Madiba und mir gezogen war, beschloss Mandla, seine Mutter in Hongkong zu besuchen, und schlug vor, ich solle ihn begleiten. Ich war schlicht und einfach überwältigt. Während ich auf Madibas Entscheidung wartete, wagte ich kaum zu atmen. Er hörte sich Mandlas Ausführungen über den erzieherischen Wert einer solchen Reise an, dann nickte er.

»Ja, ich glaube, das wäre eine sehr gute Erfahrung. Es ist wichtig, dass junge Leute ihren Horizont erweitern«, sagte er, und Mandla und ich pflichteten ihm begeistert bei, wobei ich glaube, dass die »gute Erfahrung« für jeden von uns dreien etwas anderes bedeutete.

Wir flogen nach Hongkong, und Mandla zeigte mir die Stadt. Er bewegte sich dort völlig ungezwungen, denn er war schon einmal dort gewesen und kannte sich aus. An einem Abend beschloss er, dass wir in ein paar Clubs gehen sollten, aber als wir beim ersten ankamen, bekam ich doch ziemlich weiche Knie. Ich war zwar groß für mein Alter, aber ich war trotzdem erst dreizehn.

»Wie soll ich da reinkommen?«, fragte ich Mandla.

»Geh einfach«, sagte er, und bevor ich etwas einwenden konnte, spazierte er am Türsteher vorbei. Ich wollte ihm folgen, aber ich hatte gerade so lange gezögert, dass der Türsteher misstrauisch wurde.

»Moment mal, Freundchen.« Er versperrte mir mit seinem bulligen Arm den Weg. »Wie alt bist du?«

Ich stammelte: »Ähm ... achtzehn?«

Schnaubend schüttelte er den Kopf. »Nicht heute, Kleiner.«

Mandla warf einen Blick über die Schulter, ob ich auch da war, und als er sah, dass ich nicht kam, verdrehte er die Augen und machte kehrt. Wir waren in einer hell erleuchteten Straße mit einem Club neben dem anderen und gingen einfach zum nächsten.

»Komm schon«, sagte er. »Du musst an dich glauben. Geh einfach da rein.«

Als wir an den Eingang kamen, machte ich mich, so groß ich konnte, passte meine Schritte denen von Mandla an und versuchte, meine mageren Schultern genauso gerade zu halten wie er. Er schlenderte am Türsteher vorbei, und ich schlenderte in seinem Schatten mit. Der Türsteher sagte kein Wort, und ich sah ihm tunlichst nicht in die Augen. Ich weiß nicht, ob er mich für achtzehn hielt oder einfach beschloss, ein Auge zuzudrücken. Jedenfalls gingen wir zügig durch die Tür und geradewegs zur Bar. Es war richtig cool. Die Musik war super, die Mädchen waren schön. Ich führte schließlich ein langes, intensives Gespräch mit ein paar Amerikanern, die in einer Militärbasis in der Nähe von Hongkong stationiert waren. Als wir schließlich nach Johannesburg zurückkehrten, hatte sich mein Horizont tatsächlich erheblich erweitert.

»Du solltest mal deine Mutter besuchen«, sagte Mandla, als wir wieder in Houghton waren. Ich war mir da nicht so sicher, aber da ich Mandla mit seiner Mutter erlebt hatte, fragte ich mich, wie es wohl mit meiner sein könnte.

»Ich weiß nicht, wo sie wohnt«, erwiderte ich.

»Der Alte Mann hat ihr ein Haus im East Rand besorgt«, sagte Mandla. »Sie hat ein Baby bekommen, weißt du?«

»Wie bitte?« Ich war völlig verblüfft.

»Ja. Wir haben noch einen Bruder«, sagte Mandla. »Er heißt Andile. Ein süßer kleiner Scheißer. Sag dem Alten Mann, du willst sie besuchen.«

Ich dachte eine Weile darüber nach, bis ich schließlich allen Mut zusammennahm und meinen Großvater fragte. Niemand hatte mir je verboten, von meiner Mutter zu reden. Niemand hat je ein schlechtes Wort über sie verloren. Es war nur so eine Stimmung, die von Anfang an in der Luft gelegen hatte. Ich ahnte, dass es da vieles gab, was ich nicht wusste. Als ich schließlich fragte, seufzte der Alte Mann und sah ehrlich traurig aus.

»Sie ist aus dem Haus ausgezogen, das ich ihr im East Rand besorgt habe«, erklärte er. »Sie hat den Job gekündigt, den wir ihr verschafft hatten. Sie ist zu ihrer Familie nach Soweto zurückgegangen. Ihre Tante kümmert sich um das Baby.«

»Kann Bhut mich fahren?«

Er überlegte und sah mich an, als wäre ihm genau in diesem Moment aufgefallen, wie sehr ich seit meiner Ankunft hier gewachsen war.

»Ja«, sagte er. »Geh nur.«

Also ging ich. Liebend gerne würde ich sagen, dass es toll war, aber es war nicht toll. Ich freute mich, Mom zu sehen, und sie erzählte mir die ganze Zeit, wie stolz sie auf mich sei, aber sie war eine resolute Frau, und nach einem oder zwei Drinks raunzte sie alle, die da waren, ziemlich an. »Was für einen großen, gut aussehenden Sohn ich habe! O ja, ich habe nämlich einen Sohn.« Zwischen ihr und meinem Vater war es völlig aus, sagte sie, und sie war mit einem anderen Typ zusammen. Sie wollte, dass ich ihn kennenlernte. Sie schleppte mich zu ihm nach Hause und hämmerte an die Tür. »Kannste glauben! Ich hab nen Sohn!«

Ich bin ganz ehrlich. Es war ätzend. Es war unheimlich. Ich hatte Angst. Das Letzte, was ich wollte, war, dass gleich irgendein komischer, bulliger Typ diese Tür aufmachte. Zum Glück war er nicht zu Hause, und kurz danach kam schon Bhut und fuhr mich nach Hause.

Danach habe ich ungefähr ein Jahr lang nichts mehr von meiner Mutter gehört oder gesehen. In der Highschoolzeit sah ich sie vielleicht ein- oder zweimal im Jahr. Ich freute mich, sie zu sehen, aber ich war auch immer froh, nach Hause zu Mama Xoli zu kommen, die, wenn ich ganz ehrlich bin, die wichtigste Mutterfigur in meinem Leben war. Ich weiß nicht, ob sie je richtig wissen wird, was sie mir bedeutet hat.

Als ich Mandla von meinem Besuch in Soweto erzählte, sagte er: »Wir müssen Mbuso und Andile zu uns nach Hause holen.«

Unser Großvater war von dieser Idee nicht wirklich begeistert. Er liebte die kleinen Kerlchen – er liebte all seine Enkel und Urenkel –, aber Mbuso war erst fünf und Andile noch ein Baby. Das verlangte also Mama Xoli und Mama Gloria einen ganz anderen Einsatz ab, sehr viel mehr als die relativ einfache Versorgung, die wir älteren Jungs brauchten. Mandla blieb hartnäckig: »Wir sind Brüder. Wir sollten zusammen sein.«

Es dauerte eine Weile, bis wir den Alten Mann überredet hatten, aber etwa ein Jahr nach Mandlas Ankunft kam Mbuso zu uns und noch etwa ein Jahr später auch der nun zweijährige Andile. Den Großteil der Betreuung übernahmen Mama Xoli und Mama Gloria und die anderen Damen, die im Haus arbeiteten, aber Mandla gab mir zu verstehen, dass jetzt auch ich als großer Bruder gefragt war. Diese Rolle liebte ich. Andile und Mbuso waren meine Verbindung zu meiner Mutter, und ich glaube, dadurch, dass mein Großvater uns alle vier zusammen an seinem lärmenden Abendessenstisch sitzen hatte, fühlte er sich ein bisschen näher an meinem Vater und der Familie, die ihm einst gestohlen worden war.

1992 hatte Madiba eine Presseerklärung herausgegeben, dass er und Mama Winnie sich getrennt hatten, aber wirklich geschieden wurden sie erst 1996. In seinen eigenen Schriften und Reden sagt er dazu sehr wenig. Der Alte Mann war sehr zurückhaltend mit Stellungnahmen zu persönlichen Angelegenheiten, und er schirmte seine Familie gut von der Öffentlichkeit ab. In seinen Büchern ging es um Politik und Geschichte, und was seinen Platz darin anging, war er sehr bescheiden. Er redete gern über Qunu, wo er seine Kindheit verbracht hatte, und erzählte davon auch gern in Interviews. Aber wenn die Fragen persönlicher wurden oder auf seine Familie abzielten, saß er mit einem eisernen Lächeln da und schüttelte den Kopf, dauerhaft höflich, aber unerschütterlich.

»Mr. Mandela, da Sie nun endgültig geschieden sind ...«

»Ich sagte, ich äußere mich nicht zu persönlichen Angelegenheiten.«

»Mr. Mandela, Ihre Beziehung mit Graça Machel, der früheren First Lady von Mosambik ...«

»Darauf antworte ich nicht.«

»Verstehe. In Ordnung. Wie ist es mit Mrs. Machels ...«

»Bitte erinnern Sie Ihren Redakteur, dass ich erklärt habe, mich zu persönlichen Fragen nicht zu äußern.«

Graça Machel war verwitwet, seit ihr Mann Samora Machel, der Präsident von Mosambik, 1986 bei einem Flugzeugabsturz ums Leben gekommen war. Sie war eine wunderbare Frau mit ihrer eigenen Geschichte des Widerstands gegen den Kolonialismus in ihrem Land. Sie war freundlich und diplomatisch, aber irgendwo habe ich gelesen, dass sie in wenigen Minuten ein Sturmgewehr auseinandernehmen und wieder zusammenbauen konnte. Sie war genau die richtige Frau, um Madibas kompliziertes Leben zu teilen. Jahre später beschrieb sie die Ehe als eine »sehr reife« Beziehung zwischen »zwei Menschen, die vom Leben sehr tief verletzt worden« waren.

Sie sagte: »Als er die größte Liebe seines Lebens – nämlich Winnie – verloren hatte, dachte er, *jetzt ist es vorbei.* Er ist nicht mehr jung. Er dachte, er würde sich jetzt auf sein politisches Leben konzentrieren und auf seine Kinder und Enkel.« Graça war politisch noch aktiv, kämpfte als Anwältin für internationale Kinder- und Frauenrechte. Madiba und sie waren erst Bekannte, dann Freunde, dann Vertraute. In der Zeit, als Mandla zu uns zog, hatten wir angefangen, den Alten Mann damit aufzuziehen, dass er eine Freundin hatte. Irgendwann gab ein Sprecher der Familie dann vor der

Presse eine zurückhaltende Erklärung ab: »Ich wurde ermächtigt zu bestätigen, dass zwischen dem Präsidenten und Mrs. Graça Machel eine enge Beziehung – eine Freundschaft – besteht. Sie dauert bereits einige Zeit an, und der Präsident fühlt sich damit sehr wohl.«

Madiba und Graça heirateten an seinem achtzigsten Geburtstag im Rahmen einer kleinen Feier, an der nur die Familie und ein paar Freunde teilnahmen. Es gab eine komplizierte Verschwörung, um die Presse abzulenken, aber so schwierig war das gar nicht, weil die Hochzeit einer der wenigen ruhigen Momente in einem riesigen Rausch von Geburtstagsfeierlichkeiten war. Los ging es am Donnerstag nachmittags im Kruger National Park, wo der Alte Mann tausend Waisenkinder zu einem hundertzwanzig Kilo schweren Geburtstagskuchen einlud. Am Sonntag gab es eine gigantische Charity-Gala zugunsten von Madibas liebsten Wohltätigkeitsorganisationen in seinem *Millennium Fund*. Unter anderen Stars waren Stevie Wonder, Danny Glover und Michael Jackson dabei.

Die Ankunft des *King of Pop* war mehr als genug, um die Presse abzulenken, und auch für jedes Kind in unserer Familie war das ein viel größeres Ereignis als die beiden alten Leute, die endlich heirateten. Die ganze Familie versammelte sich in einem Raum im Haus eines Freundes in Johannesburg, wo Michael sich aufhielt. Die kleinen Kinder saßen mit Madiba auf dem Sofa und waren völlig aufgedreht. Ich stand ein bisschen abseits mit Mandla, unserem Cousin Kweku und den anderen älteren Kindern und mühte mich verzweifelt, cool zu bleiben. Wir konnten unser Glück kaum fassen, dass wir gleich mit Michael Jackson chillen, *Happy Birthday* singen und Kuchen essen sollten. Wenn ich das Video von damals anschaue, sehe ich Mandla und mich bemüht lässig und vorsätzlich cool mittendrin herumstehen.

In diesen Jahren lernte ich viel von Mandla, der uns alle zum Lachen brachte und uns auf den Fersen war, wenn wir Fehler machten. Sein Auftreten als großer Bruder rechne ich ihm hoch an. Er nahm mich in sein Leben hinein, teilte seine Musik mit mir und nahm sich die Zeit, mich in die Grundlagen des Lebens als Kerl einzuführen. Wenn ich ehrlich bin, tut es ein bisschen weh, daran zu denken, denn Mandla und ich stehen uns heute nicht mehr nah. Wenn einer der Brüder etwas braucht, könnte der andere logistisch gesehen in ein paar Stunden bei ihm sein, aber in allen wichtigen Dingen – ideologisch, persönlich, emotional – sind wir Welten voneinander entfernt.

Ich habe das Schlimmste getan, was ein kleiner Bruder tun kann: Ich bin selbst groß geworden. Und Mandla hat das Schlimmste getan, was ein großer Bruder tun kann: Er hat mich enttäuscht. Es führt zu nichts, hier weiter in die Einzelheiten zu gehen. Wenn Sie Geschwister haben, wissen Sie selbst, wie und warum man sich als Erwachsene voneinander entfremden kann, besonders wenn die Patriarchen und Matriarchen nach und nach verschwinden. Angesichts der Position von uns Mandelas ist diese Dynamik in unserer Familie wegen der besonderen Umstände zehnmal so stark, aber ich versichere Ihnen, die eigentliche Familiendynamik ist genau dieselbe wie bei anderen.

Wir alle treffen in unserem Leben Entscheidungen, die unsere Geschwister so vielleicht nicht treffen würden. Jemand will etwas. Jemand hat etwas. Jemand tut etwas. Jemand sagt etwas. Im Moment kommt einem die Angelegenheit extrem wichtig vor. Mit der Zeit frisst sich der Groll immer tiefer, und die Zeit vergeht viel schneller, als man es für möglich gehalten hätte. Dann steht man mit der traurigen Frage da: Ist eine Aussöhnung überhaupt noch möglich? Und ist sie es wert? Kostet es mich zu viel von meinem Stolz oder meinen Bruder zu viel von seiner Würde? Aussöhnung –

egal, ob in der Familie, in einem Land, im Herzen des Einzelnen – ist ein komplizierter Prozess. Vergebung ist nichts für schwache Nerven. Manchmal braucht man dazu einen ziemlich festen Magen.

Im April 1996 begann unter dem Mandat des *Promotion of National Unity and Reconciliation Act* in Kapstadt Südafrikas Wahrheits- und Versöhnungskommission unter dem Vorsitz von Erzbischof Desmond Tutu ihre formalen Anhörungen. In den folgenden zwei Jahren gaben die Kommissionsmitglieder, häufig mit Fernseh- und Radioübertragung, Opfern von Gewalttaten und anderen Missständen während der Apartheid das Wort. Das Ziel bestand darin, die Würde derer wiederherzustellen, denen Gewalt angetan worden war, Rehabilitierung und, wo möglich, Schadensersatz zu ermöglichen und in manchen Fällen denen eine Amnestie zuzusichern, die bereit waren, vorzutreten und die Verantwortung für eigenes Fehlverhalten zu übernehmen.

Es war ein riesiges Unterfangen und für jeden in Südafrika sehr schmerzvoll, aber es war ein Ringen um Mitgefühl und Reinigung, der Anfang eines auf der Realität beruhenden Heilungsprozesses, ganz im Gegensatz zu dem Märchen des Rugbyspiels, das uns alle zu Brüdern machte. Rassismus ist ein kulturelles Krebsgeschwür, und die Wahrheitskommission war Südafrikas erste Runde der Chemotherapie: Sie war schmerzhaft, es wurde einem übel davon, aber sie war notwendig. Die Arbeit ist immer noch nicht zu Ende, aber ich glaube, dank Madiba sind wir um Lichtjahre sogenannten Ländern der »Ersten Welt« voraus, die weiterhin schlicht leugnen, wie verheerend das Geschwür des Rassismus ihre Kultur durchdringt. Madiba schuf eine Struktur, in der Vergebung möglich war, und hatte auch einigen Erfolg, zum Teil, weil er begriff, wie viel die Rechenschaftspflicht den Einzelnen kostete.

Einer der Menschen, die 1997 vor dem Ausschuss zur Aufklärung von Menschenrechtsvergehen der Wahrheitskommission standen, war Mama Winnie, und sie sagte nicht als Opfer aus. Sie stand dort als Angeklagte. Die Kommission hatte bereits Aussagen gehört, in denen es hieß, dass der Mandela United Football Club, ein Fußballverein, der Mama Winnies Bodyguards stellte, während des gewalttätigen Todeskampfes der Apartheid in mehrere Morde und Überfälle verwickelt war. 1986, vier Jahre vor Madibas Haftentlassung, stand sie vor einer Zuhörermenge in Munieville und hielt eine leidenschaftliche Rede über die Missstände der Apartheid, über Ungerechtigkeit und intolerable Gräueltaten, und in der Hitze des Augenblicks sagte sie: »Gemeinsam, Hand in Hand, mit unseren Streichholzschachteln und unseren Necklaces, werden wir dieses Land befreien!« Die Menge tobte. Die Medien drehten durch. Der ANC schaltete in den Panik-Modus. Necklacing war eine entsetzliche Form der Lynchjustiz, die unausweichlich dazu führte, dass die schwarzen Südafrikaner in den Medien als »Wilde« beschimpft wurden. Man sollte nicht leichtfertig davon reden und konnte das nicht stillschweigend dulden. Doch hier ging es um Mama Winnie. Die Leute liebten sie. Bei all dem, was sie im Laufe dieses Kampfes geleistet und erlitten hatte, konnte der ANC sich nicht von ihr distanzieren.

Jahre nachdem diese ganze verrückte, bedauerliche, unvorstellbare Scheiße vorbei war, saß Mama Winnie vor der Wahrheitskommission und sprach voller Würde und Traurigkeit über die furchtbaren Ereignisse jener Jahre, in denen ihr schweres Unrecht angetan wurde, in denen sie eingesperrt, gefoltert und in Einzelhaft gehalten wurde. Unter dem Drängen von Tutu gestand sie ein, dass auch sie anderen Unrecht angetan hatte und dass die Dinge gegen Ende »furchtbar falsch gelaufen« waren, insbesondere als ein vierzehnjähriger Junge totgeschlagen wurde. Sie entschuldigte sich bei den Familien der Opfer. Ich weiß nicht, ob sich irgendjemand auch bei ihr entschuldigt hat und wie.

Madiba brach es das Herz. Er liebte diese bemerkenswerte Frau und wusste, wie sehr sie gelitten hatte. Es gab innerhalb der Familie und im ANC zu diesem Thema selbstverständlich viel Aufregung, und manchmal hasste ich die Schärfe in den Stimmen, die ich so liebte. Ich wollte zurück zum Lachen und der lauten Musik. Ich wollte, dass alle einander liebten, und ich wollte nicht, dass meine kleinen Brüdern mit den Konflikten aufwuchsen, deren Zeuge ich in ihrem Alter geworden war. Es war schwer, damit auszukommen, aber Madiba ging meistens geradezu stoisch damit um. Zu mir sagte er nichts über die Anhörungen, und ich fragte auch nicht, aber an manchen Tagen spürte man das Gewicht der Traurigkeit, die auf ihm lag. Er und Mama Winnie waren nicht mehr zusammen, und über viele Fragen waren sie sehr unterschiedlicher Meinung, aber es war völlig klar, dass ihre Liebe und ihr Respekt voreinander nie nachließen.

Am 16. Juni 2001 kam es auf einer Veranstaltung am *Youth Day*, dem Feiertag zum Gedenken an den 25. Jahrestag des Schüleraufstands von Soweto, zu einem eigenartigen Zwischenfall. Mama Winnie kam zu spät und konnte sich nur langsam zum Podium vorarbeiten, weil sich die Menge um sie scharte, um sie zu begrüßen. Als sie zu Präsident Mbeki ging und ihn mit einem Wangenkuss begrüßen wollte, schob er sie so aggressiv zur Seite, dass er ihr die Baseballkappe vom Kopf schlug. Sie war nicht verletzt, aber es sah ziemlich schlimm aus. Die Medien rasteten aus, das tun die Medien nun mal. Überraschender war, wie böse Madiba wurde, als er das Video von diesem Vorfall sah.

»Wie konnte er nur?« Der Alte Mann drohte mit dem Finger in Richtung Fernseher. »So behandelt man doch keine Frau. Überhaupt keine Frau. Aber eine Großmutter! Eine Kollegin, die unvorstellbare Opfer für die Sache der Freiheit erbracht hat! Das ist völlig inakzeptabel.«

Mbeki versuchte, ihn an diesem Abend anzurufen, aber als die Sekretärin das Telefon ins Esszimmer brachte, sagte Madiba: »Nehmen Sie es wieder mit. Ich nehme seine Anrufe nicht an.« Er wollte, dass Mandla und ich daraus lernten, dass es keine Entschuldigung dafür gab, eine Frau zu schlagen oder zu misshandeln. Egal, unter welchen Umständen, diese Linie durfte man nicht überschreiten.

Der Alte Mann hatte sonst trotzdem eine hohe Meinung von Mbeki, und es ging ihm immer um Versöhnung. Ich weiß nicht, was zwischen ihnen geschehen ist oder wie Mbeki Madibas Gunst wiedererlangt hat, aber mein Großvater ließ die Leute nie vor ihm katzbuckeln. Enttäuschung oder Ärger verbarg er nicht, aber er wollte, dass die Menschen für ihre Fehltritte geradestanden und sie wiedergutmachten, besonders wenn es um ein Familienmitglied oder einen Freund ging.

Vielleicht ist es in gewisser Hinsicht einfacher, sich mit einem Fremden auszusöhnen als mit einem guten Freund oder sogar einem Bruder. Mit einem Fremden hat man keine so lange gemeinsame Geschichte, keine gemeinsame Vergangenheit. Unter Brüdern gibt es Verletzlichkeiten, eine größere Wahrscheinlichkeit, den anderen zu verletzen oder selbst verletzt zu werden. Deshalb versuchen wir, unsere Wut herunterzuschlucken, und wir hoffen, dass die anderen ihre Wut auf uns auch herunterschlucken. Vergeben und vergessen, ja?

Aber auch das habe ich von meinem Großvater gelernt: Wut hat ihre Berechtigung, und das sogar in einem gutmütigen Herzen. Wut ist ein ganz wesentlicher Teil des Vergebens, denn wenn wir unsere Wut leugnen, lassen wir auch die Vergebung nicht an uns heran und können sie nicht überwinden.

Madiba forderte seine schwarzen Mitbürger zur Vergebung auf, aber nie forderte er sie auf zu vergessen. Er sorgte dafür, dass das Unrecht, das während der Apartheid verübt wurde, ein Teil unserer gültigen, niedergeschriebenen Geschichte wurde – auch das Unrecht, das Menschen verübt hatten, die ihm lieb und teuer waren, genau die Menschen, die für seine Freiheit kämpften.

Wenn ich nur von mir spreche: Nie im Leben könnte ich nach fast drei Jahrzehnten aus dem Gefängnis kommen und meiner Familie sagen, sie solle die Waffen ins Meer werfen. Im Wortschatz der normalen Leute gibt es dafür keine Worte. Wir brauchten Madiba, damit er diesen Weg für uns ebnete, und genau das tat er. Egal, was ihn das persönlich kostete, er behielt weiterhin fest das größere Gut im Blick.

»Für mich«, sagte Madiba, »war Gewaltfreiheit kein moralisches Prinzip, sondern Strategie.«

Pula-pula ulwalathiso lomoya, heißt das alte Sprichwort, »horch, wohin der Wind weht.«

Der Alte Mann saß all diese Jahre im Gefängnis, und er horchte. Er beobachtete, was rundum geschah, in Uganda, Zimbabwe und Nigeria. Sie erlangten die Unabhängigkeit und verjagten die Weißen auf der Stelle. Im Kongo wurden alle Weißen und alle Inder des Landes verwiesen. Plötzlich war die Wirtschaft tot – und sie bleibt noch lange tot. Nichts geht mehr. Sobald die Feinde weg sind, wenden sich die Menschen gegeneinander, ziehen neue Hasslinien aufgrund von Religion oder Ideologie oder Angst – alles, was sich so geschickt ausbeuten lässt durch Leute, die die Massen beherrschen wollen, die verstanden haben, dass Menschen viel leichter zu beherrschen sind, wenn sie gespalten sind und nicht geeint. Armut und Verzweiflung fördern das Aufkommen der schlimmsten autoritären Systeme, egal, ob Diktatoren wie Idi Amin oder einer von tausend kleinen Bürokraten, die ihr Leben lang tyrannisiert wurden und jetzt endlich einmal Macht über andere haben wollen.

Madiba war fest entschlossen, es dazu in Südafrika nicht kommen zu lassen. Er glaubte, dass wir zu mehr fähig waren als zu Chaos und Rache, und er hatte zehntausend Tage Zeit zu überlegen, wie das funktionieren könnte. Er entwickelte eine Strategie, und der Kern dieser Strategie war der unerschütterliche Standpunkt, dass wir gemeinsam vorwärtsgehen müssen – viele Rassen, ein Land. Und doch verlangte er nicht von den Menschen, ihren Unterdrückern aus Nachsicht zu verzeihen: Verzeihen sollten sie ihnen um ihrer selbst willen und für ihre Kinder.

»Da«, las Grandma Evelyn uns gern aus dem Alten Testament vor, »wird der Wolf beim Lamm wohnen und der Panther beim Böcklein lagern. Kalb und Löwe werden miteinander grasen, und ein kleiner Knabe wird sie leiten.«[6]

Ein schönes Bild für eine friedliche Welt, nur leider fehlt die Bedienungsanleitung. Madiba hat uns immerhin einen Entwurf geliefert. Er schuf ein neues Paradigma des Vergebens, das nur als Gabe Gottes erklärt werden konnte, aber heute sehe ich, dass die Gabe nicht irgendeine frömmelnde Fähigkeit zum Vergeben und Vergessen war. Gottes Gabe an Madiba war die Weisheit, das Vergeben als Teil einer Führungsstrategie zu verstehen. Ein ökonomisches Prinzip. Ein Schlüsselelement der Aussöhnung, der einzig wahre Weg nach vorne für jede Gesellschaft und jede Familie.

KAPITEL 6

Ubukhulu abubongwa.

»Groß wird man nicht,
indem man behauptet,
groß zu sein.«

Unter den Geschichten, die der Alte Mann so gerne erzählte, gab
es mehrere über einen Hasen, der sehr viel größere und stärkere
Grobiane austrickste.

»Ihr müsst denken wie der Hase«, sagte Madiba. »Dieser Hase
war ein Trickser.« Und dann hob er an, von einer der vielen Hel-
dentaten des Hasen zu erzählen, wie das eine Mal, als der Büffel
den Hasen einlädt, ihn auf eine lange Reise zu begleiten. Da der
Büffel alle anderen Tiere so einschüchtert, dass er tun und lassen
kann, was er will, denkt sich der Hase, dass er sich wohl am besten
auf seine Seite schlägt, bis der Büffel sagt: »Da ich dich an meiner
Seite dulde, Hase, erwarte ich, dass du meine Schlafmatte trägst.«
Und er lädt dem armen Hasen die schwere Deckenrolle auf den
Buckel. Ein oder zwei Tage lang ziehen sie weiter, und der Hase hat
diese Schlafmatte wirklich satt, traut sich aber nicht, es dem Büf-

fel zu sagen, schließlich könnte der einfach kurzen Prozess mit ihm machen und den Streit damit beenden. Also sagt er: »Büffel, du bist bestimmt sehr hungrig. Geh schon mal vor; ich bin ja viel schneller als du, ich laufe schnell hier in den Wald und hole dir ein bisschen Obst, dann komme ich nach.« Der Büffel weiß, dass der Hase es nicht wagen würde wegzulaufen, also nickt er und geht weiter. Der Hase läuft in den Wald und pflückt ein paar Äpfel, vor allem aber sucht er einen Honigbaum und findet auch einen. Er rollt Büffels Schlafmatte aus, verteilt mit einem langen Stock Honig darauf, lässt die Bienen heranschwärmen und rollt sie wieder auf. Als der Büffel und er an ihrem Ziel ankommen, geht der Büffel in die Hütte, wo sie wohnen sollen, und meint: »Nein, du schläfst draußen. Das hier ist meine Hütte.« Und der Hase: »Cool. Ich sperre hinter dir die Tür zu, damit keiner dich belästigen kann. Vergiss nicht deine Deckenrolle.«

Man kann sich vorstellen, was passiert, als der Büffel seine Schlafmatte voller Bienen aufrollt. Über Madibas Beschreibung des Grobians in der Welt des Schmerzes kugelten wir uns vor Lachen. Seit Mbuso und Andile im Haus waren, erzählte er noch besser, weil sie noch so klein waren, dass sie an Zauberflüsse und sprechende Bäume glaubten. Er liebte es, sie mit Fistelstimmen und großen Gesten zum Lachen zu bringen. Der Alte Mann war seit meiner Ankunft irgendwie weicher geworden, und ganz ehrlich, diese beiden wurden ziemlich verwöhnt. Für mich galt immer noch eine recht harte Disziplin, aber das alles schien sich in Luft aufzulösen, sobald Mbuso und Andile ins Spiel kamen. Jetzt war er offenbar der Meinung, dass es viel lustiger war, Geschichten zu erzählen, als penibel auf einem perfekt aufgeräumten Zimmer zu bestehen.

Mbuso und Andile waren »frei Geborene«: Kinder, die sich nicht mehr an die Apartheid erinnerten. Madiba gefiel der Gedanke, dass diese neue Generation von der Apartheid eines Tages in der Schule erfahren würden, dass sie sich dann am Kopf kratzen würden und ausrufen: »Das ist ja *voll krass!*« – oder wie immer man dann eben so etwas kommentieren würde. Damals, Ende der 1990er-Jahre, riefen wir, inspiriert von der Serie *In Living Color*, »Homey don't play dat«[7] und brieten dem anderen eins mit dem Sofakissen über.

Doch zurück zu Büffel und Hase.

»Seht ihr, Strategie ist alles«, sagte der Alte Mann. »Wie beim Boxen. Auf dem Schlachtfeld gewinnt der Büffel, weil er einfach stärkere Muskeln hat. Im Boxring hat der Hase eine Chance, weil Boxen eine Wissenschaft ist. Boxen ist eine Kunst. Da geht es um Physik und Geometrie.«

Madiba und ich sahen 1996 gemeinsam den ersten »Finally«-Fight Mike Tyson vs. Evander Holyfield. Es war mitten in der Nacht, ich war also todmüde, aber es war aufregend, dass ich aufbleiben und dabei sein durfte. Das Finish dieses Kampfes war sehr umstritten, Holyfield holte sich den Titel, aber Tyson beschwerte sich bitter über einen Kopfstoß, den der Ringrichter für unbeabsichtigt erklärt hatte. Der Refight im Juni 1997 wurde im Pay-TV als *»The Sound and the Fury«* verkauft, und es gab tatsächlich jede Menge Schall und Wahn. Bei uns zu Hause wurde es ein richtiges Event.

»Ndaba, wach auf.« Mandla kam mitten in der Nacht in mein Zimmer und weckte mich. Ich glaube, es war gegen drei Uhr morgens. »Komm runter, es geht gleich los.«

Der Fight lief an einem Samstagabend um achtzehn Uhr in Las Vegas, in Johannesburg war es damit eine abartige Uhrzeit am frühen Sonntagmorgen. In der Regel ging der Alte Mann früh schlafen und stand früh auf, und für mich galt immer noch die Bettgehzeit um zehn (wenn das auch selten jemand wirklich überprüfte). Diesen Kampf aber wollte sich auch Madiba nicht entgehen lassen und ich auch nicht. Mandla und ich erschienen mit dem Alten

Mann im Wohnzimmer, wir aßen Knäckebrot mit Bovril-Paste (sehr viel leckerer als Vegemite), warteten, dass es endlich anfing, und hörten unseren Großvater über die natürliche Gleichheit im Boxsport philosophieren. Ihm gefiel es, wenn Hautfarbe, sozialer Status und Geld egal waren und nur noch der wahre Charakter eines Menschen zählte.

»Im Ring geht es nur um Strategie«, sagte er. »Wie man sich selbst schützt. Wie man seinen Gegner bezwingt. Die beiden umkreisen sich, testen Stärken und Schwächen aus. Und nicht nur die physischen, sondern auch, was der Blick des anderen sagt.«

Madibas Begeisterung für den Boxsport ist gut dokumentiert. Als junger Mann war er selbst ein guter Boxer, und wenn er die Show vor dem eigentlichen Kampf schaute, nahm er in seinem Ohrensessel unwillkürlich eine Art Kampfstellung ein, ballte die Fäuste und zog die Ellbogen dicht an die Rippen.

»Im Ring gibt ein Mann seinen wahren Charakter preis«, sagte er. »Als ich zum allerersten Mal in den USA war, bin ich Holyfield begegnet. Ich habe den Weltmeister getroffen. So viele Amerikaner unterstützten uns mit Worten. Er war einer von denen, die wussten, dass Worte nicht reichten. Wir brauchten auch finanzielle Mittel, damit die Sache der Freiheit gewinnen konnte.«

Die erste Runde begann. Holyfield und Tyson gingen aufeinander los, und es sah aus, als würde es ein langer, brutaler Fight werden. Runde zwei wurde nach einem unbeabsichtigten Kopfstoß unterbrochen, nach dem Tyson aus einer Platzwunde über dem Auge das Blut übers Gesicht strömte.

»Tyson wird da total fertiggemacht«, sagte der Kommentator. »Holyfield reißt den Kampf wirklich an sich.«

»Ja, ja!« Madiba war aufgesprungen. »In dieser Lage entwickeln sie ihren unglaublichen Willen. Wenn sie anfangen zu spüren, dass es wehtut.«

Die Glocke läutete. Zwei Runden waren gespielt, und es sah so aus, als würde Holyfield Tyson nur so zu Kleinholz machen. Doch in Runde drei schlug Tyson zurück. Der Dialog zwischen Mandla und mir bestand vor allem aus »Oh. OH! Whooaaah ...« und so weiter. Der Alte Mann schien sich eins zu eins mit dem Kommentator zu unterhalten.

»Tyson fängt Feuer!«, sagte der Kommentator. »Er wird wirklich Charakter zeigen müssen.«

»Stimmt. Charakter ist alles. Jetzt schau hin, Ndaba. Siehst du? Die Fußarbeit? Genau so macht man – oh! – was – was war das jetzt?«

Mandla und ich waren aufgesprungen und standen neben dem Alten Mann vor dem Fernseher, alle drei schrien wir: »Nein! Neeiiin!« Holyfield riss sich von Tyson los, hüpfte im Kreis auf und ab, hielt sich seitlich den Kopf. Durch seine Finger sickerte Blut.

»Er hat ihn gebissen! Gebissen hat er ihn!«

Die Menge im MGM Grand Hotel flippte völlig aus, als der Ringrichter zwischen die beiden Kämpfer ging. Holyfield zog sich in seine Ecke zurück, und Tyson stieß ihm noch in den Rücken.

»Das war übel!«, erklärte Madiba. »Das war klar gegen die Queensberry-Regeln.«

»Oh, das sah ziemlich böse aus«, sagte der Kommentator. »Das sah fast aus wie ein Biss.«

»*Fast?*«, brüllten Mandla und ich dem Fernseher entgegen. In der Zeitlupe sah man Tyson einen Fetzen von Holyfields Ohr auf den Boden spucken!

Der Fight blieb eine Zeit lang unterbrochen, während sie sich um Holyfields Ohr kümmerten, es mit Wasser aus einer Flasche bespritzten.

»Granddad, glaubst du, sie machen weiter?«, fragte ich.

»Puh, schwer zu sagen.« Madiba schüttelte den Kopf. »In diesem Kampf steckt eine Menge Geld. Der Druck, hier zu gewinnen, ist immens.«

Der Kommentator machte eine trockene Bemerkung darüber, dass Holyfields Ehefrau eine Spezialistin für Schmerzmanagement war. Die Glocke schlug. Zur allgemeinen Überraschung ging der Kampf weiter.

»Jetzt geht es wirklich ans Abrechnen«, sagte der Kommentator, und noch etwa eine Minute später bestätigte Tyson das. Er legte die Zähne frei und ging Holyfield an das andere Ohr. Wir waren wieder alle aufgesprungen und brüllten in fünf Sprachen durcheinander.

»*Hayi-bo! Yho!*«

»Unerhört!«, meinte Madiba. »Das ist doch kein Hahnenkampf. Ein bisschen Respekt bitte! Sei ein Mann und halt dich an die Regeln!«

Jetzt war es vorbei. Völlig außer Kontrolle. Dutzende Menschen drängten in den Ring, stießen, brüllten, rissen sich um den besten Kamerawinkel. Mandla und ich fanden das alles höchst unterhaltsam, aber Madiba saß ganz ruhig in seinem Ohrensessel und verfolgte das Chaos.

»Sie müssen ihn disqualifizieren«, murmelte er tieftraurig. »Ich weiß nicht, ob irgendwann schon mal jemand in einem Schwergewichtsfinale disqualifiziert wurde, aber sie müssen ihn disqualifizieren. Egal, wie viel Geld sie ausgegeben haben, das darf so nicht weitergehen.«

Der Kommentator wies darauf hin, dass Tyson mit seiner Platzwunde am rechten Auge ohnehin nicht mehr lange gekonnt hätte. »Vielleicht hat ihn die Panik übermannt«, sagte er.

»Was meinst du?«, fragte ich Madiba. »Hat er die Panik gekriegt? Oder war das seine Strategie? Damit die Leute denken, er verliert zwar, aber er ist trotzdem tougher?«

Der Alte Mann schüttelte den Kopf. »Wir können nicht wissen, was ein anderer denkt, Ndaba. Was ich weiß, ist, dass ungezähmte Gewalt weder Toughness ist noch Strategie.«

In die Boxgeschichte ging das Ereignis als *Bit Fight* (»Beißkampf«) ein. Später erklärte Tyson, er habe Holyfield ins Ohr gebissen, um den vorausgegangenen Kopfstoß zu vergelten, den er nicht für unbeabsichtigt hielt. Er bekam viel Aufmerksamkeit, doch der Sieger war Holyfield. Nicht lange nach diesem *»Sound and Fury«*-Fight kam er Madiba in unserem Haus in Houghton besuchen.

»Weltmeister! Wie geht's?«, begrüßte ihn Madiba auf der vorderen Veranda. »Schön, dich zu sehen!«

Ich versuchte, mich immer zurückzuhalten, wenn viele Kameras unterwegs waren, aber ich reckte den Hals, um einen genaueren Blick auf das halb verheilte Ohr zu erhaschen – und ja, da fehlte tatsächlich ein ganzes Stück Knorpel.

Als mein Vater seinen Abschluss hatte, begann er, als Anwalt zu arbeiten. Irgendetwas im Versicherungsbereich, glaube ich. Der Alte Mann verschaffte ihm ein Haus in einem gehobenen jüdischen Viertel in Norwood, keine fünf Minuten von Houghton entfernt. Sehr bescheiden. Sehr schön. Drei Zimmer, ein Schwimmbad. Meine Brüder und ich blieben trotzdem bei Madiba und Graça. Ich erinnere mich nicht, dass je von etwas anderem die Rede gewesen wäre. Zu diesem Zeitpunkt lebte ich bereits mehr Jahre bei Madiba, als ich bei meiner Mutter oder bei meinem Vater verbracht hatte. Mom hatte ich, seit ich zehn war, nur ein paarmal gesehen. Meinen Dad sah ich bei Familienfeiern, wo die gesamte Großfamilie zusammenkam – Weihnachten, Ostern, Geburtstage. Praktisch gesehen, für den Alltag, war Madiba mein Vater – mein Ernährer, mein Bewacher, mein alles –, der, der sich hinstellte und alles tat, was man sich von einem Vater wünscht.

Manchmal fand ich die hohen Ansprüche und die strikten Regeln meines Großvaters schwer auszuhalten – wahrscheinlich, weil ich in der Pubertät so ein schwieriger kleiner Scheißer war. Madiba gab mir die Strukturen und setzte mir die Grenzen, die mir in meiner frühen Kindheit gefehlt hatten. Immer, wenn er mich ermahnte, ich sollte mehr lernen, oder mich schimpfte, weil ich zu vorlaut war, sagte ich irgendetwas Dummes und merkte dann sofort, dass ich mein Leben um nichts in der Welt gegen ein anderes tauschen würde. Ich hatte unglaublich großes Glück, und das wusste ich. Einfach war es für uns beide nicht, aber zum ersten Mal im Leben spürte ich festen Boden unter den Füßen. Wenn ich an diese Jahre zurückdenke, bin ich überwältigt von Dankbarkeit.

Nach Graças und Madibas Hochzeit zogen wir eine Straße weiter in ein größeres Haus mit mehr Platz für die größer werdende Familie, und manchmal in den Ferien fuhren wir alle in den Wohnsitz des Präsidenten in Pretoria. Während der Apartheid hieß dieses Anwesen Libertas, nach der römischen Freiheitsgöttin. Eine kleine ironische Spitze. Als Madiba das Amt übernahm, benannte er es um in *mahlamba ndlovu*. Wörtlich aus dem Xitsonga übersetzt heißt das »das Waschen der Elefanten«, aber tatsächlich bedeutet es »früher Morgen« – dann nämlich kommen die Elefanten ans Wasser.

Ob in Pretoria oder zu Hause in Houghton, Graça bestand darauf, dass wir alle zusammen zu Mittag und zu Abend aßen. Wenn Madiba auf Reisen war, konnten wir in der Küche abhängen oder vor dem Fernseher essen, aber wenn er da war, saßen wir alle am Tisch, und zwar pünktlich und vollzählig. Diese Familienmahlzeiten hatten nichts mehr mit den schweigenden Mahlzeiten zu tun, die Madiba und ich gemeinsam an dem langen Esszimmertisch einnahmen, als ich in der Grundschule war. Die Gespräche waren pietätlos, und es wurde viel gelacht. Wir scherzten miteinander und neckten sogar den Alten Mann, wenn er dazu in der Laune war. Feier- und Geburtstage begingen wir mit großen, lauten Partys, und an normalen Tagen summte das Haus vom Kommen und Gehen und von vielfältigen Aktivitäten.

Eine Änderung veranlasste Graça auf der Stelle: Sie schaffte die Tischglocke ab. Diese Glocke zu läuten entsprach ihr nicht, und ich war froh darüber. Als ich frisch angekommen war, fand ich sie großartig, aufgeregt läutete ich diese alte Glocke selbst, aber als ich älter wurde, kam sie mir irgendwie vor wie die Gerätschaft eines Kolonialherren, sie war mir unbehaglich. Heute verstehe ich, dass das eine der Seltsamkeiten aus Madibas Gefängniszeit war. In bestimmten modernen Umgangsformen kannte er sich nicht aus, weil er so viel vom Leben verpasst hatte. Oft sagte er: »Wahrscheinlich sind viele Menschen schockiert, wenn sie merken, wie kolossal unwissend ich in ganz einfachen Dingen bin, die für die meisten Menschen völlig normal sind.« Er war auf dem Land aufgewachsen, dann stand er im Kreuzfeuer der Apartheid, und dann war er im Gefängnis. Er war sehr gebildet, achtete sehr auf die Etikette, aber da er seine Freiheit verloren hatte, bevor die Etikette lockerer wurde, pflegte er eben immer noch eine Galanterie der alten Schule.

Eines Tages beim Mittagessen brachte Mama Xoli das Telefon ins Esszimmer und reichte es ihm. »Ihre Majestät Queen Elizabeth möchte Sie sprechen.«

»Stellen Sie sie durch«, sagte mein Großvater. Er hob ab und sagte: »Hallo? Hallo, Elizabeth! Wie geht's? Gut, gut. O ja, mir geht's gut, danke.«

Graça und ich wechselten einen verwunderten Blick, dass er sie so formlos anredete. Das Telefonat ging weiter, es klang nach entspanntem Geplauder. Als er aufgelegt hatte und Mama Xoli das Telefon wegbrachte, sagte Graça: »Madiba, du kannst sie nicht einfach Elizabeth nennen. Du musst ›Hoheit‹ sagen. Das verlangt das Protokoll.«

»Was redest du da? Sie nennt mich auch Nelson. Wir sprechen einander immer mit Vornamen an. Denk dran, ich bin auch ein Royal.« Er zwinkerte mir zu. »Schließlich bin ich ein Thembu-Prinz.«

Lachend erwiderte Graça: »Du bist einfach unkontrollierbar.«

Madiba erzählte gern von seiner ersten Begegnung mit seiner Freundin Elizabeth vor Jahren im Buckingham Palace. »Wir haben zu Mittag gegessen, und nach dem Essen sind wir ewig spazieren gegangen, und dann gab es Tee. Wir haben den ganzen Tag miteinander verbracht und uns kennengelernt.

Irgendwann sagte ich: ›Nun, ich gehe jetzt in mein Hotel zum Ausruhen.‹

Sie fragte: ›Wo wohnen Sie?‹

Ich antwortete: ›Im Dorchester.‹

›Heute Abend gibt es kein Dorchester‹, verfügte sie. ›Heute bleiben Sie hier.‹

Und ich nickte nur: ›Oh. Na ja, dann.‹«

So ging die Geschichte, und er erzählte diese Geschichte wirklich liebend gern.

»Aber ein richtiger Prinz bist du nicht, oder?«, fragte ich.

»O doch. Wir gehören dem Königshaus der Thembu an«, erklärte er ganz ernsthaft. »Die erste Frau des Königs gründet das große Haus. Die zweite Frau gründet das rechte Haus. Die dritte Frau das linke Haus und so weiter. In jedem Haus wohnt eine andere Frau. Der erste Sohn aus dem ersten Haus ist der Thronerbe, aber jedes Haus hat seine Funktion. Das zweite Haus steht bereit und übernimmt alles, was das erste Haus nicht schafft – was eben delegiert wird, wenn es im ersten Haus zu viel wird. Das dritte Haus muss manchmal dazwischengehen, denn überall, wo die Menschen einen kleinen Geschmack von der Macht bekommen, werden Kriege geführt, so ist das seit Urzeiten. Wir stammen aus dem vierten Haus. Unsere Funktion ist die der Vermittler, die den König beraten; als junger Mann sollte ich also als königlicher Berater ausgebildet werden.«

»Also Kriege führen und so?«

»Regieren ist mehr, als Kriege zu führen. Da geht es um Wirtschaft, Infrastruktur, das Gemeinwohl. Für die alten Könige ging es darum, Streit angemessen zu schlichten. Aber dann bin ich weggelaufen, nach Johannesburg. Da sollte gerade eine Heirat für mich arrangiert werden, und – Junge, dieses Mädchen wollte ich nicht heiraten. Weißt du, mein Cousin Justice und ich gingen mit diesen beiden Mädchen aus, aber der König wusste das nicht, und als er die Heirat arrangierte, vertauschte er sie. Versehentlich arrangierte er für uns beide eine Heirat genau mit der Freundin des anderen. Du verstehst, wie kompliziert das war.«

»Dann warst du also ungehorsam gegenüber deinem Alten Mann«, bemerkte ich. »Er wusste nicht immer, was das Beste für dich war.«

Madiba merkte genau, worauf ich damit hinauswollte.

»Ich war ein Mann«, sagte er. »Wenn du auf den Berg gehst und ein Mann wirst, dann kannst du mir sagen, wer weiß, was das Beste für dich ist. Bis dahin hörst du auf die Großen.«

Im Juni 1999, als ich sechzehn war, schied Madiba aus dem Amt und setzte sich mit voller Überzeugung dafür ein, dass Thabo Mbeki sein Nachfolger werden sollte. Er hatte von Anfang an klargemacht, dass er nicht länger als fünf Jahre im Amt bleiben würde, und an diesem Beschluss hielt er fest. In seiner Abschiedsrede vor dem Parlament sprach er über die neue Ära, in die Südafrika eingetreten war. Er war stolz auf das, was erreicht worden war, aber den Verdienst daran gab er dem südafrikanischen Volk, das sich für einen »zutiefst legalen Weg für ihre Revolution« entschieden habe. Er sagte: »Ich bin das Produkt Afrikas und seines lange gehegten Traums einer Wiedergeburt, die jetzt Wirklichkeit werden kann, sodass all seine Kinder nun in der Sonne spielen können.« Der Alte Mann war vergnügt, er freute sich unbändig auf seine nächste Lebensphase und brachte alle zum Lachen: »Wir konnten wieder einmal die Renten steigern. Das macht mich sehr froh. In Davos habe ich noch in der Plenarsitzung gesagt, in ein paar Monaten würde ich an der Straße stehen und rufen: ›Hilfe! Arbeitslos! Kein Geld und eine neue Frau!‹«

Er war weiterhin politisch aktiv, nahm einen neuen Platz auf der Weltbühne ein, aber zu seiner Priorität wollte er seine Kinder und Enkel machen. Immer noch wurde er Tag für Tag mit Anrufen und Besuchen und Problemen bombardiert, aber jetzt konnte er entscheiden, welche Probleme ihn interessierten, ein Luxus, den er als Präsident Südafrikas eigentlich nie hatte – besonders als erster schwarzer Präsident. Für mich war gut daran, dass wir ihn öfter zu Hause sahen. Schlecht war, dass dadurch alles noch schwieriger wurde. Ich fing allmählich an, unter Madibas hohen Erwartungen zu leiden, unter der strikten Bettgehzeit und den ernsten Standpauken. Ich wusste, dass er der Meinung war, Reisen gehöre zu einer guten Erziehung. Im Jahr nach seinem Amtsende versuchten Kweku und ich, ihn dazu zu überreden, dass wir und unser Cousin Zondwa unsere erste Amerikareise machen konnten.

Ich war mit dreizehn zusammen mit Mandla in Hongkong gewesen. Außerdem hatte ich mit Selema, meinem Freund aus alten Tagen mit den Gents, sechs Wochen in Paris verbracht. Seine Mutter war als Botschafterin Südafrikas dort, und sie sorgte dafür, dass die Reise eine gute Mischung war aus Erlebnis- und Bildungsurlaub. Ich fühlte mich als Mann von Welt, der im Ausland sehr gut alleine zurechtkommen würde. Madiba war da nicht ganz so überzeugt, und als wir ihm die Amerikareise vorschlugen, sagte er: »Einverstanden, aber Mandla begleitet euch und passt auf!«

Kweku und ich wechselten einen Blick. Das war ein bisschen so, als würde man einem Kojoten die Aufsicht über die Präriehunde geben, aber egal. Wir würden in Disneyworld Achterbahn fahren, und nur darum ging es uns.

»Cool«, nickten wir. »Kein Problem für uns.«

»Außerdem nehmt ihr Mbuso und Andile mit«, sagte der Alte Mann. »Dann habt ihr auch jemanden, auf den ihr aufpassen müsst.«

Auch damit waren wir einverstanden. Mbuso war neun, ein pflegeleichter kleiner Kerl, der tat, was man ihm sagte, und der siebenjährige Andile würde alles tun, was Mbuso tat. Kweku, Zondwa und ich waren so etwas wie die drei Musketiere, und wir dachten uns, dass Mandla bestimmt ganz cool wäre und seine eigenen Pläne hätte. Also wären wir einigermaßen frei zu tun und zu lassen, was wir wollten, solange wir nur die kleinen Brüder einigermaßen im Auge behielten. Also flogen wir alle nach Amerika.

In gewissem Sinn hatten wir uns das mit Mandla richtig vorgestellt. Er hatte seine eigenen Pläne, und die sahen nicht vor, ständig drei minderjährige Armleuchter im Schlepptau zu haben. Zu unserem großen »Brudertrip« erschien er mit seiner Freundin. Er hatte das gesamte Geld. Und in Amerika braucht man eine Menge Geld. Keinen roten Heller wollte er uns abgeben. Wenn wir auch nur einen Dollar für ein Eis wollten, mussten wir ihn anbetteln, als lägen wir dem König zu Füßen. Wir sollten uns eigentlich Kleider für die Schule kaufen, aber als wir das tun wollten, sagte Mandla zu Kweku: »Ihr habt euer Geld schon für CDs verprasst.« Da merkten wir erst, wie viel Mandla für seine Freundin ausgab und dass er uns total reingelegt hatte. Die Reise endete also eher als Querschläger. Es war der Anfang vom Ende meiner Beziehung zu Mandla – nicht wegen der Reisekasse, sondern weil ich dieses erste Aufblitzen seiner wahren Natur sah und merkte, dass er nicht der *Prinz von Bel-Air* war, den ich so viele Jahre lang vergöttert hatte.

Doch abgesehen davon war, solange die drei Musketiere zusammen waren, alles in Butter, und in Disneyworld waren wir tatsächlich. Das war das absolute Highlight. Mbuso und Andile waren genau im richtigen Alter dafür, und das Gute, wenn man kleine Kinder nach Disneyworld begleitet, ist, dass man eine Ausrede hat, um sich selbst wie ein kleines Kind zu benehmen. Wir fuhren mit jedem Fahrgeschäft, aßen Fast Food, fotografierten uns mit Prinzessinnen. Disney komplett. Es war großartig.

Gegen Abend standen wir dann alle in der Schlange zum Space Mountain. Wenn man diese Achterbahn fahren will, muss man erst mal diese schier endlose Warteschlange hinter sich bringen, die das Disney-Team mit interessanten Videos und Ausstellungstafeln über den Weltraum und die Weltraumwissenschaften weniger endlos wirken zu lassen versucht. Kweku und Zondwa und ich sahen uns das alles an, wir hatten wirklich Spaß dabei, als der Kerl vor uns sich umdrehte und fragte: »Hey, sagt mal, wo kommt ihr her?«

Wahrscheinlich hatte er unsere Unterhaltung mit angehört und gemerkt, dass wir nicht wie Durchschnittsamerikaner klangen.

»Aus Südafrika«, antwortete ich auf die scheinbar freundliche Frage.

»Wow«, sagte er. »Und, wie groß werden nun echte Löwen?«

»Wie bitte?« Kweku und ich verstanden zunächst nicht.

»Die Löwen in Afrika. Also, wie groß sind die denn in Wirklichkeit?«

»Ich arbeite doch nicht im Zoo, Alter«, sagte ich. »Woher soll ich wissen, wie groß Löwen sind?«

Ohne eine weitere Antwort wandte er sich ab, aber ich kannte seine Antwort auch so. Wir waren Schwarze. Wir kamen aus Afrika. Wir mussten in der Wildnis aufgewachsen sein. Klar: Wie sieht Afrika aus, wenn man es um 2001 durch das Kaleidoskop von Disney betrachtet? Wie im *Dschungelbuch* und im *König der Löwen*. Wie Balu und Mogli. Wie die Jazz-Affen, die »so gern wie du« wären, und wie der König der Löwen, der den kleinen Simba präsentiert, während alle anderen Tiere mit gebeugten Knien vom »ewigen Kreis« des Lebens singen. Ich glaube wirklich, dieser Typ wollte freundlich sein, wollte uns anquatschen, sein Interesse bekunden, indem er eine kulturelle Grenze überbrückte, und wenn man ihn gefragt hätte: »Sind Sie Rassist?«, dann hätte er zwischen Beleidigung und Fassungslosigkeit ausgerufen: »Natürlich nicht! Schaut mich doch an, wie ich in Disneyworld schwarze Jungs anquatsche! Sieht man daran nicht, dass ich kein Rassist bin?«

Ich will gar nicht behaupten, dass ich in diesem Alter etwas von passiver Mikroaggression verstand oder von systemisch-endemischem Rassismus. Aber als ich in dieser Schlange stand, und auch später, als ich auf dem Space Mountain durch das Sonnensystem flog, hatte ich plötzlich ein flaues Gefühl im Magen. Es hatte damit zu tun, wie Afrika in der Welt wahrgenommen wird. Ich hatte es in Hongkong erlebt und in Paris, aber ich konnte es noch nicht beim Namen nennen. Jetzt erlebte ich es in Amerika: eine Dynamik, die mein Teenager-Gehirn auf eine einfache Gleichung herunterbrach. Auf dem Heimflug sagte ich zu Kweku: »In den Augen der restlichen Welt ist es einfach so: Afrika ist gleich Löwen.«

»Und Johannesburg ist gleich Gewalt«, ergänzte Kweku.

»Kein Scheiß. Wenn ich sage, wo ich herkomme, heißt es immer: ›Ach du Ärmster, da ist es doch so gefährlich! So viel Kriminalität. Das muss so furchtbar sein.‹ Es kommt immer was über Safari oder über die Kriminalität. Das ist ihr Bild von Afrika.«

Wir waren uns einig, dass es verlorene Liebesmüh war, das jemandem erklären zu wollen, der vor einem in der Schlange zum

Space Mountain stand. Die gesamte Muskelprotzerei eines Büffels machte einen noch nicht unempfindlich gegen einen Bienenstich. Wenn man einem Gegner ins Ohr biss, machte einen das noch nicht zum Weltmeister. Jemand anderem zu sagen, dass er unrecht hat, hat noch niemanden davon überzeugt, dass man selber recht hat.

Ubukulu abubangwa, heißt das alte Sprichwort, »groß wird man nicht, indem man behauptet, groß zu sein.«

Kweku und ich wussten, dass es sehr viel mehr brauchen würde, aber es dauerte noch ein paar Jahre, bis wir eine Vorstellung von dem hatten, was wir tatsächlich tun könnten.

KAPITEL 7

Isikuni sinyuka nomkwezeli.

»Feuer verbrennt den,
der darin stochert.«

Verstehen Sie mich nicht falsch, ich habe den *König der Löwen* geliebt, und Mbuso und Adile konnten sich die DVD tatsächlich hundertmal hintereinander ansehen und jeden Song Wort für Wort mitsingen. Dasselbe gilt, wenn auch in geringerem Maße, für *Das Dschungelbuch*. Also nichts für ungut, Disney. Am besten gefällt mir im *König der Löwen* der Teil, in dem Simba als junger Löwe den Rat von Rafiki, dem weisen alten Mandrill-Affen, sucht.

»Ich weiß, was meine Pflicht ist«, sagt Simba, »aber wenn ich zurückgehe, muss ich mich meiner Vergangenheit stellen. Ich bin so lange davor geflohen.«

Zack! Rafiki haut ihm den Stock über den Kopf.

»Au!«, schreit Simba. »Hey! Warum hast du das gemacht?«

»Ist doch egal«, sagt Rafiki, »es ist Vergangenheit.«

»Ja«, sagt Simba, »aber es tut immer noch weh.«

»O ja«, entgegnet Rafiki, »die Vergangenheit kann wehtun.

Aber wie ich es sehe, läuft man entweder vor ihr davon, oder man lernt daraus.«

In gewisser Weise ist das die Disneyversion einer Aussage des in den USA lebenden spanischen Philosophen George Santayana: »Wer sich nicht an die Vergangenheit erinnern kann, ist dazu verdammt, sie zu wiederholen.«

Das trifft mit Sicherheit auch auf den Kolonialismus im Allgemeinen und die Apartheid im Besonderen zu. Auf einer persönlicheren Ebene geht es aber wohl eher darum, ob wir unser Gepäck ein Leben lang mit uns herumschleppen oder uns die Zeit nehmen auszupacken.

In meiner Kindheit und Jugend wurde nur selten über Gefühle gesprochen. Es gab immer so viel Wichtigeres als der Kram, der uns Kinder gerade beschäftigte – was immer das auch sein mochte –, sodass wir einfach taten, was von uns verlangt wurde. Dabei ist diese Lebensphase ein wahres Minenfeld. Ich fürchte mich schon jetzt vor dem Tag, an dem Lewanika und Neema so weit sind, dass sie sich mein Auto leihen, mir lautstark widersprechen und dabei allen Ernstes glauben, die Weisheit mit Löffeln gefressen zu haben. Aber mir ist auch klar, dass mit den beiden etwas entschieden nicht in Ordnung ist, wenn sie diese Phase nicht durchmachen. Es wird mir also nichts anderes übrig bleiben, als das Ganze gemeinsam mit ihnen durchzustehen und dabei nicht zu vergessen, wie nachsichtig sehr viele Leute damals mit mir waren.

Mein Dad lebte zwar ganz in der Nähe, aber ich sah ihn nicht oft, und meine Mom ließ sich treiben. Sie kämpfte immer noch mit Drogen und ihren persönlichen Problemen. Ich wurde älter und fing langsam an, all die Dinge, die ich als kleiner Junge gesehen und gehört hatte, zu verarbeiten – Dinge, die ich nie an mich rangelassen hatte, weil ich zu jung war, um zu begreifen, was wirklich vor sich ging. Es war, wie wenn man einen Knochen, der nicht richtig zusammengewachsen ist, noch einmal brechen muss. Denn das ist das große Problem in Kulturen, in denen Kinder keine Fragen stellen dürfen: Irgendwann werden sie größer und stellen fest, dass sie Antworten brauchen.

Madiba war sich der Veränderungen und Herausforderungen, denen ich mich als Teenager stellen musste, durchaus bewusst (auch wenn er nicht besonders sensibel damit umging) und bemühte sich, mir durch diese Phase hindurchzuhelfen, so gut er konnte. Als ich etwas älter war, lud er mich öfter ein, ihn auf seinen Reisen, auf denen ich tatsächlich einiges lernte, zu begleiten. Ich war zwar ausgesprochen kamerascheu, abgesehen davon aber begeistert von all den faszinierenden Orten, an die wir reisten. Ich weiß noch, wie wir in den späten 1990er-Jahren einmal ein Fußballspiel besuchten – ich glaube, es war Südafrika gegen die Niederlande. Mike fuhr mit uns im Auto auf das Spielfeld, und ich war wahnsinnig aufgeregt, dass ich gleich all diese berühmten Fußballer treffen würde. Der Wagen wurde langsamer, hielt an, und ich riss sofort die Tür auf und stieg aus. Der Lärm der riesigen Menschenmenge brach wie eine Flutwelle über mich herein. Die Energie, die mir entgegenschlug, war gewaltig. Doch dann bemerkten die Leute, dass ich nicht Madiba war, und die Energie verebbte wieder. Es war wie *Hey, Mann, wer ist dieser Typ? Wir wollen Mandela!* Mike, der ebenfalls ausgestiegen war und bereitstand, um Madiba die Tür zu öffnen, warf mir einen Blick zu, der sagte: *Hast du sie noch alle, Kumpel?*

»Tut mir leid, Mann«, sagte ich. »Aber ihr habt vergessen, mir zu sagen, dass ich warten soll.«

Mike öffnete dem Alten Mann die Tür, und da wurde die Menge erst so richtig wild. Ich konnte körperlich spüren, wie eine gigantische Welle aus Liebe über ihn hinwegrollte. Madiba lächelte und zuckte die Achseln, um mir zu signalisieren, dass alles in Ordnung war. Dann gingen wir hinüber zu der langen Reihe berühmter Fußballspieler. Als ich vor diesen Männern stand, klappte mir vor Bewunderung der Kiefer runter, aber mein Großvater stellte mich ihnen voller Stolz vor.

»Hallo! Wie geht es Ihnen? Das ist mein Enkel Ndaba. Im nächsten Jahr macht er seinen Highschoolabschluss.«

In der Schule trug ich damals natürlich Uniform, aber in meiner Freizeit hatte ich angefangen, mich zu stylen. Madibas Kleidungsstil war bequem, aber distinguiert, und wenn er auf Reisen ein Hemd fand, das ihm gefiel, kaufte er gleich zwanzig davon in verschiedenen Farben. Er trug nie T-Shirts und ich und meine Brüder auch nicht, es sei denn, wir hingen zu Hause rum. Seit der Alte Mann bei jenem Rugbyspiel 1995 das Trikot mit dem Springbock getragen hatte, schenkten ihm die Leute alle möglichen Trikots. Wo auch immer er hinging, bekam er von den Mannschaften ein Trikot. Von den Yankees. Von den Chicago Bears. Und während der Weltmeisterschaft bekam er sowohl von den Amerikanern eines als auch von den Portugiesen. Es waren immer Trikots mit »MANDELA« auf dem Rücken, die man speziell für ihn hatte anfertigen lassen, und als ich mit ungefähr siebzehn endlich groß genug war, um sie zu tragen, machte ich sie zu meinem Markenzeichen.

Ich fing auch an, meine Verführungskünste bei Frauen auszuprobieren, und Madiba war zwar nicht der Erste, den ich um Rat fragte, aber er gab mir einige Hinweise.

Erstens durfte ich keine Mädchen mit nach Hause bringen, solange ich noch auf der Highschool war.

»Geh auf den Berg und werde ein Mann«, sagte er. »Erst nach dem *Ukuluka* ist es angebracht, dass du ein Mädchen zum Essen mit nach Hause bringst.«

Zweitens erwartete er, dass ich bei den Mädchen, auf die ich ein Auge geworfen hatte, extrem wählerisch war.

»Du musst ein Mädchen aus deiner Klasse heiraten«, sagte er.

»Was meinst du mit ›Klasse‹, Großvater? Ein gleichaltriges Mädchen aus meiner Schule?«

»Ja, ein Mädchen aus deiner Schule«, sagte er, »aber es muss aus ähnlichen Verhältnissen kommen wie du.«

Ich überlegte, ob es auf dieser Welt irgendein Mädchen gab, das aus ähnlichen Verhältnissen kam und nicht meine Cousine war, was die Auswahl beträchtlich einschränkte.

»Klassenunterschiede sind mir egal«, sagte ich trotzig.

»Glaub ja nicht, du wärst mir moralisch überlegen, Junge«, sagte der Alte Mann. »Du bist, wer du bist. Das macht dich hier in Südafrika für manche Frauen zum Jackpot. Aber du brauchst jemanden, der deine Lebenserfahrungen teilt, jemanden, der dieselben Werte hat wie du, dieselben Ziele. Du brauchst eine Mitstreiterin, eine Partnerin.«

Ich hatte das ungute Gefühl, er hielt mir gerade dieselbe Predigt, die auch mein Vater unzählige Male zu hören bekommen hatte. Ich schaufelte mir Essen in den Mund und murmelte: »Ich dachte, du hältst nichts von arrangierten Ehen.«

»Ich wollte nur dieses eine Mädchen nicht heiraten. Mehr habe ich nicht gesagt.« Sein Tonfall wurde leicht abweisend, wie wenn ihm in einem Interview eine Frage missfiel. »Es gibt gute Gründe für arrangierte Ehen. Statistisch gesehen sind sie sogar glücklicher, weil man keine einzelne Person heiratet, sondern eine ganze Familie. So wird die Ehe bei uns traditionell gesehen. Zuerst spricht der Vater mit dem Vater, dann triffst du die Braut und – Zack –, die Hochzeit ist beschlossene Sache. Ich bin nur weggelaufen, weil sie die Mädchen ausgetauscht hatten.«

»Vielleicht wollte sie dich ja auch nicht heiraten.«

»Da könntest du recht haben.« Er zuckte die Achseln. »Aber keiner sagt dir, wen du heiraten sollst, Ndaba. Keiner sagt dir, was du zu tun hast.«

Das war lächerlich. »Du sagst mir doch *andauernd*, was ich zu tun habe, Granddad.«

»Nein, ich bestehe lediglich darauf, dass du dein Bestes gibst. Nur wenn ich sehe, dass du eine Dummheit begehst, sage ich dir: ›Tu das nicht!‹«

Diese Art von Auseinandersetzungen wurden immer häufiger. Wir setzten uns vor den Fernseher, um uns ein Fußballspiel oder einen Boxkampf anzusehen, und plötzlich gingen mir aus irgendeinem Grund die weisen Sprüche, die er zu allem und jedem hatte, auf die Nerven. Mit siebzehn fand ich dann diesen Welpen, einen Pudel. Total niedliches Kerlchen, das ich schon nach ein oder zwei Tagen heiß und innig liebte. Ich war hin und weg von dem Tier, und das nicht nur, weil man das Herz eines Mädchens mit nichts schneller erobern kann als mit einem supersüßen Welpen. Aber dann ging der Alte Mann zufällig an meinem Zimmer vorbei, sah mich mit dem Pudel und schob dem Ganzen sofort einen Riegel vor.

»Oh, Ndaba. Ein Hund? Wer hat gesagt, dass du einen Hund halten kannst? Nein, nein, nein. Der muss weg. Sieh zu, dass du ihn auf der Stelle loswirst.«

Ich flehte ihn an: »Granddad, bitte. Ich habe dich noch nie um einen Hund gebeten. Ich will diesen Hund unbedingt behalten. Unbedingt. Ich werde mich gut um ihn kümmern. Er wird keine Sauerei machen und auch keinen Lärm oder so.«

»Ndaba«, sagte er, »überleg mal. Wenn der Hund krank wird, musst du ihn zum Tierarzt bringen. Wenn er Hunger hat, musst du Futter für ihn kaufen. Viele Leute behandeln ihren Hund besser als ihre Mitmenschen. Von einem solchen Luxus können viele

Menschen nur träumen. Und du willst ihn einem Hund bieten? Wir werden hier im Haus keinen Hund halten!«

Dagegen hatte ich keine Argumente. Ich fand ein neues Zuhause für den Welpen, war aber am Boden zerstört. Ich wusste, dass mein Großvater moralisch nichts dagegen einzuwenden hatte, wenn jemand einen Hund hielt. Er kannte viele Leute mit Hunden, und noch nie hatte er irgendjemanden deshalb verurteilt. Der Rest der Welt konnte so viele Hunde haben, wie er wollte, nur ich nicht. Kein Hund für Ndaba. Ich war wütend. Heute kann ich mich nicht einmal mehr an den Namen des Hundes erinnern, aber damals, als ich mich von ihm trennen musste, hat es mich fast wahnsinnig gemacht.

In meinem letzten Jahr auf der Highschool hatte ich ständig das Bedürfnis, mich mit dem Alten Mann zu zoffen, obwohl er es nicht mochte. Wahrscheinlich hatte er das Gefühl, sich in seinem Leben schon genug gestritten zu haben, und war fertig damit. Manchmal kam es mir vor, als umkreisten wir einander wie Holyfield und Tyson. Wir testeten unsere Stärken und Schwächen aus und stellten uns gegenseitig auf die Probe. Manchmal gerieten wir heftig aneinander und gingen mit schweren Gewissensbissen zu Bett. Aber wenn wir am nächsten Tag aufstanden, war immer *mahlamba ndlovu* (»das Waschen der Elefanten«). Alles stand wieder auf Anfang, und es gab nichts, was mich davon abhielt, mich erneut mit ihm anzulegen.

Da ich keine Mädchen mit nach Hause bringen durfte, traf ich mich heimlich mit ihnen. Ich entdeckte, dass das kleine Gartenhaus hinter dem Haupthaus der perfekte Ort dafür war, und so wurde es zu meinem geheimen Liebesnest. Soviel ich wusste, ahnte mein Großvater nichts davon, aber man hofft und betet ja immer, dass man mit so etwas ungeschoren davonkommt. Einmal, als Mandla übers Wochenende von der Uni zu Hause war, erwischte er mich dort mit einer hübschen Amerikanerin. Man sollte meinen, Mandla wäre auf meiner Seite gewesen, aber wenn es hart auf hart kam, war mein Bruder immer nur auf seiner eigenen Seite. Er wollte nicht, dass ich ihm sein schönes Leben durcheinanderbrachte oder ihm Ärger mit dem Alten Mann einhandelte. Er fing an, mich zu beschimpfen, woraufhin ich, heißblütiger Liebhaber, der ich war, versuchte, die Situation für mich zu retten.

»Komm schon, Bro. Machst du Witze? Verdirb mir das jetzt nicht, Bro.«

»Schaff sie hier raus!«

Am Ende gingen wir ernsthaft aufeinander los, und Mandla schlug mir ins Gesicht. Er verpasste mir ein Veilchen, das mich für den Rest der beschissenen Woche aussehen ließ wie einen Mutanten. Natürlich konnte ich dem Alten Mann nicht die Wahrheit erzählen, wie ich dazu gekommen war. Also musst ich mir irgendeine Lügengeschichte aus den Fingern saugen. Aber es war mir schon immer schwergefallen, ihn anzulügen, und als ich dann vor ihm saß und er mir mit seinem Laserblick Löcher in den Schädel bohrte, hatte ich plötzlich die Nase gestrichen voll. Von allem. Nicht nur wegen der Amerikanerin oder der Geschichte mit dem Hund – einfach wegen allem. Ich dachte an die Bude meines Vaters, die nur fünf Minuten entfernt war. Dort konnte ich kommen und gehen, wie ich wollte, trinken, Gras rauchen und Mädchen mit auf mein Zimmer nehmen – kein Mensch würde es merken, geschweige denn sich dafür interessieren.

Meinen Vater fragte ich gar nicht erst, sondern verkündete ihm nur: »Hey, ich zieh jetzt zu dir.« Aber den Alten Mann konnte man nicht einfach so vor vollendete Tatsachen stellen. Man bat ihn um Erlaubnis. Also ging ich am Abend in sein Büro und sagte: »Granddad, ist es in Ordnung, wenn ich für eine Weile bei meinem Dad wohne?«

Er sah von seinem Buch auf und schien nicht sonderlich überrascht. Weder fragte er mich, warum ich gehen wollte, noch versuchte er, mich zum Bleiben zu überreden.

»Ich war immer enttäuscht, dass dein Vater und ich uns nie nähergekommen sind«, sagte er. »Vielleicht war es für uns schon zu
spät, als ich aus dem Gefängnis kam.«

»Vielleicht ist es für ihn und mich ja noch nicht zu spät«, bemerkte ich vorsichtig.

Er nickte und betrachtete seine Handrücken. »Egal, wie du dich
entscheidest, Ndaba, du weißt, dass hier dein Zuhause ist.«

»Das weiß ich, Granddad. Es ist nur für eine Weile.«

Als ich aus seinem Büro spazierte, fühlte ich mich großartig.
Endlich frei. Keiner, der ständig hinter mir her war und mir erklärte, dass alles, was ich tat, nicht gut genug war, oder mir sagte, ich
solle mein Zimmer aufräumen und meinen Kram vom Boden aufheben. Mein Dad hatte eine Zugehfrau, die kochte und putzte. Bei
ihm ließ es sich leben. Ich konnte abhängen und tun und lassen,
was ich wollte. Armer Kweku, dachte ich nur. Tante Maki würde
dafür sorgen, dass er arbeiten ging, für die Schule lernte und bei
der Hausarbeit half, während Dad und ich am Pool abhingen und
Bier tranken.

»O Mann, ich vergöttere südafrikanisches Bier«, sagte Dad.
»Hell, klar, kein bisschen bitter. Wie eine gute Frau.« Er lachte,
stieß seine Flasche gegen meine, und ich dachte: *O ja, das wird
fantastisch.*

Es war mein letztes Jahr auf der Highschool, und mein Großvater war nur daran interessiert, dass ich mich gut auf den Abschluss
vorbereitete. Dad ermutigte mich zwar, mich anzustrengen, war
deshalb aber nicht ständig hinter mir her. Wenn ich abends unterwegs war und ein bisschen zu heftig gefeiert hatte, erwartete er
nicht, dass ich am nächsten Morgen in aller Herrgottsfrühe auf-

stand, mein Bett machte, Sport trieb und dann auch noch rechtzeitig in der Schule war. Die Unordnung in meinem Zimmer war meine Sache, die Unordnung in seinem Zimmer war seine Sache. Er war wieder der alte gutmütige und entspannte Dad, an den ich mich von früher erinnerte. Es war genau wie damals, als ich noch klein war, wir bei Grandma Evelyn am Ostkap wohnten und ich mir im Lebensmittelladen Schokolade und Chips nehmen konnte, so viel ich wollte.

Ich und meine Freunde verbrachten unsere Abende damit, im Pool zu treiben und uns volllaufen zu lassen. Es war praktisch jeden Tag Party angesagt, und das Lernen hatte ich so ziemlich drangegeben. Ich schwänzte mehr Unterrichtsstunden, als ich besuchte, und das spiegelte sich natürlich in meinen miserablen Noten. Als wir die ersten Zeugnisse bekamen, war ich froh, dass der Alte Mann es nicht mitbekam. Ich dachte, mein Dad würde cool bleiben, aber das tat er nicht.

»Das muss besser werden, Ndaba«, warnte er mich. »Ich habe das Genöle wegen meiner schlechten Noten jahrelang ertragen. Da fehlt mir gerade noch, dass mir der Alte Mann jetzt wegen deiner Noten in den Ohren liegt.«

Ich wusste, dass es ihm ernst war, aber auch, dass er nichts unternehmen würde, um mich zur Raison zu bringen. Also blieb alles beim Alten. Tante Maki freute sich, dass mein Dad und ich uns endlich darum bemühten, eine Beziehung aufzubauen, und ermutigte ihn, mir mehr über seine Kindheit zu erzählen, die ziemlich verkorkst war. Madiba und Grandma Evelyn ließen sich scheiden, als mein Dad acht Jahre alt war. Hauptsächlich deshalb, weil Grandma Evelyn mit dem ganzen ANC-Kram nicht viel am Hut hatte. Sie wollte nicht mehr mit der ständigen Bedrohung leben, dauernd weglaufen und sich vor der Obrigkeit verstecken. Schon in der Grundschule konnten mein Vater, sein großer Bruder Thembi und seine kleine Schwester Maki nur unter falschem Namen zur Schule gehen und wussten, dass sie unter gar keinen Umständen irgendjemandem sagen durften, wer sie wirklich waren. Aber auch nachdem Madiba Mama Winnie geheiratet hatte, schikanierte und bedrohte die Polizei Grandma Evelyn weiterhin. Denen genügte es, dass sie seine erste Frau und die Mutter seiner ersten drei Kinder war. Madiba war der Staatsfeind Nummer eins, und sie wollten ihn unbedingt aus seinem Versteck locken. Schließlich floh Grandma Evelyn mit ihren Kindern nach Swasiland, wo sie, bis Madiba gefunden und verhaftet wurde, als Flüchtlinge lebten. Als Madiba ins Gefängnis kam, war mein Dad zwölf, und als sein Bruder Thembi ums Leben kam, war er neunzehn.

»Kurz nachdem Thembi gestorben war«, erzählte mir Dad, »habe ich von deinem Großvater einen Brief erhalten, in dem er mehr oder weniger schrieb: ›Ich hasse es, Vorträge zu halten, Kgatho, aber dein großer Bruder lebt nicht mehr, also sieh zu, dass du etwas aus dir machst!‹«

Über die Behauptung meines Großvaters, er hielte nur ungern Moralpredigten, hätte ich zwar gerne laut gelacht, aber je besser ich meinen Vater kennenlernte, umso schmerzlicher wurde mir bewusst, dass mein Großvater bei meinem Vater dieselben Dinge versäumt hatte, wie mein Vater bei mir. Ich habe diesen Brief – er ist in Madibas Buch *Bekenntnisse* festgehalten – erst vor Kurzem gelesen und war nicht nur von seinem Ton, Inhalt und Timing – er hat ihn nur fünfzehn Tage nach Onkel Thembis Tod geschrieben – schwer beeindruckt, sondern auch wegen der Weitsicht, die mein Großvater darin erkennen lässt. Damals gab es für Madiba selbst nur wenig Hoffnung auf eine Zukunft jenseits von Robben Island. Dennoch war er in der Lage, vorausschauend und optimistisch in die Zukunft zu blicken, und überzeugt davon, dass mein Vater seinen Platz in der Welt finden würde.

28. Juli, 1969

Ich hasse es, Vorträge zu halten, Kgatho, was auch für meine eigenen Kinder gilt, und ziehe es vor, mit jedermann auf der Grundlage völliger Gleichberechtigung zu diskutieren, wobei meine Ansichten als Ratschlag angeboten werden, den die betroffene Person nach Belieben annehmen oder zurückweisen kann. Aber ich würde meine Pflichten verletzen, wenn ich nicht vermitteln würde, dass Thembis Tod dir eine schwere Verantwortung auferlegt. Jetzt bist du das älteste Kind, und es wird deine Pflicht sein, die Familie zusammenzuhalten, deinen Schwestern ein gutes Beispiel zu geben und deine Eltern und alle deine Verwandten stolz zu machen. Das bedeutet, dass du in der Schule noch mehr lernen musst, dich von Schwierigkeiten oder Rückschlägen niemals entmutigen lassen und auch im finstersten Augenblick nie den Kampf aufgeben darfst.[8]

Damit setzt er ihn kaum unter Druck, oder?

Denk daran, dass wir in einem neuen Zeitalter wissenschaftlicher Errungenschaften leben, und die verblüffendste davon war die erste Mondlandung vor wenigen Tagen. Das ist ein sensationelles Ereignis, das das Wissen der Menschheit über das Universum bereichern und vielleicht sogar zur Änderung oder Abwandlung vieler grundlegender Annahmen auf vielen Wissensgebieten führen wird. Die junge Generation muss lernen und sich vorbereiten, damit sie die weitreichenden Konsequenzen der aktuellen Entwicklungen im Bereich der Weltraumforschung leicht verstehen kann. Dieses Zeitalter ist von intensiver und harter Konkurrenz geprägt, und der reichhaltigste Lohn bleibt denjenigen vorbehalten, die sich der gründlichsten Ausbildung unterzogen und auf ihrem jeweiligen Arbeitsgebiet die höchste akademische Qualifikation erreicht haben. Für die aktuellen Probleme der Mensch-

heit braucht es kluge Köpfe, und ein Mann, der in dieser Hinsicht
Defizite aufweist, ist benachteiligt, weil er nicht über die Werk-
zeuge und die Ausrüstung verfügt, die ihm im Dienst am eigenen
Land und Volk den Sieg und Erfolg sichern. Ein geordnetes und
diszipliniertes Leben, der Verzicht auf die oberflächlichen Freu-
den, die den durchschnittlichen Jungen locken, intensives und sys-
tematisches Lernen das ganze Jahr über, all das wird dir schließ-
lich begehrte Preise und viel persönliches Glück bringen. Es wird
deine Schwestern anregen, dem Beispiel des geliebten Bruders zu
folgen, und sie werden von deinen wissenschaftlichen Erkennt-
nissen, deiner reichen Erfahrung, von deinem Fleiß und deinen
Leistungen reichlich profitieren. Außerdem suchen die Menschen
den Kontakt zu einer hart arbeitenden, disziplinierten und erfolg-
reichen Person, und du wirst dir viele Freunde machen, wenn du
diese Eigenschaften sorgfältig pflegst.[9]

Für mich ist das Befremdlichste an diesem Brief, dass ich in seinen
Worten sowohl den Vater erkenne, der bei der Erziehung meines
Vaters kläglich versagt hatte, als auch den Großvater, der bei meiner Erziehung erfolgreich war. Ich weiß, wie tief Thembis Tod meinen Großvater getroffen und welch unvorstellbare Schmerzen er
gelitten hat. Er muss gewusst haben, dass mein Vater dieselbe läh-
mende Trauer wie er empfand. Konnte er da nicht ein Wort des Tros-
tes finden? Wäre damit der Damm, der verhinderte, dass er in seinem Kummer ertrank, gebrochen? War diese gefühlskalte Fixierung
auf die Zukunft seine Art, weiterkämpfen zu können? Wenn das
der Fall war, hatte Madiba nicht für meinen Vater gekämpft, sondern für mich. Nur dass die beiden das damals noch nicht wissen
konnten.

Die Apartheid ließ ihre letzten Kinder nicht freiwillig aus ihren Fängen. Sie waren ihr zwar entkommen, aber nur mit schwe-

ren, bleibenden Schäden. Man kann einem Mann nicht die Finger brechen und ihm dann erklären: »Hey, du hast doch noch Zehen. Streng dich ein bisschen an, dann kannst du immer noch Konzertpianist werden.« Zwischen den Möglichkeiten, die ich in den ersten dreißig Jahren meines Lebens hatte, und den Möglichkeiten, die mein Vater hatte, liegen Welten. Die meisten Lektionen über das Leben hat mir mein Großvater erteilt, aber eine Sache habe ich auch von meinem Vater gelernt: Menschen, die von Geburt an weniger Chancen haben als wir, wollen unser Mitleid nicht. Sie brauchen keine Wohltätigkeit, sondern unseren Respekt, unsere ehrliche Anerkennung für all die Hindernisse, die sie auf ihrem Weg überwunden haben, nur um zu überleben. Sie brauchen, was wir alle brauchen: eine faire Chance, ihr volles Potenzial auszuschöpfen.

Selbst wenn es wahr wäre, dass alle Menschen von Geburt an gleich sind, sorgt die Welt, in der wir leben, sehr schnell dafür, dass sich das ändert. Ein Kampf zwischen zwei gleichstarken Boxern, von denen einer mit dem Fußgelenk an einen Betonblock gekettet ist, kann nicht fair sein. Wen wundert es also, wenn der angekettete Boxer den Betonblock hochhebt und als Waffe einsetzt, weil es seine einzige Chance ist, zu überleben? Die Einrichtung der Wahrheits- und Versöhnungskommission war für das südafrikanische Volk ein gewaltiger Schritt nach vorn, mit dem wir die moralischen Aspekte der Apartheid endlich angegangen sind. Die ökonomischen Aspekte müssen wir meiner Ansicht nach allerdings erst noch in Angriff nehmen.

Als der *Bantu Education Act*, ein Gesetz, das 1953 von Dr. Hendrik F. Verwoerd, dem damaligen Minister für Eingeborenenangelegenheiten, eingebracht und dann im Parlament verabschiedet wurde, tarnte er sich als eine Maßnahme christlicher Barmherzigkeit: »Oberhalb des Niveaus bestimmter Arbeiten ist für [einen nicht weißen Menschen] in der europäischen Bevölkerungsgruppe kein Platz [...]. Bisher ist er einem Schulsystem unterworfen, das ihn aus seiner Gemeinschaft herausreißt und in die Irre führt, indem es ihm die saftig grünen Weiden der europäischen Gemeinschaft vor Augen führt, auf denen ihm diese aber nicht gestattet zu grasen.«

Das Bantu-Bildungsgesetz stellte Schwarzafrikaner als heidnische Wilde dar, die von ihren weißen Wohltätern mit strenger, aber liebevoller Hand domestiziert und christianisiert werden mussten, und das sehen viele offensichtlich heute noch so. Erst im Januar 2018 sprach Donald Trump, der aktuelle Präsident der Vereinigten Staaten von Amerika, von afrikanischen »Drecksloch-Staaten« und behauptete, Nigerianer würden niemals »in ihre Hütten zurückkehren«, wenn sie die Möglichkeit hätten, in den USA zu leben. Es ist schlichtweg unmöglich, das Spätprogramm im Fernsehen länger als eine Viertelstunde zu verfolgen, ohne auf den Spendenaufruf irgendeiner Hilfsorganisation zu stoßen, die mit Bildern von afrikanischen Kindern mit weit aufgerissenen Augen und geschwollenen Bäuchen der Vorstellung Vorschub leistet, eine Spende für ihren guten Zweck sei besser als eine Aufhebung der politischen und sozioökonomischen Ungerechtigkeiten, durch die dem reichsten Kontinent dieses Planten nach wie vor seine Diamanten, sein Gold und sein Öl gestohlen werden.

Mein Vater erhielt später als Erwachsener die außergewöhnliche Chance, seine Lebensumstände zu verändern. Hunderttausende andere, die dem System der Bantu-Erziehung ausgesetzt waren, das Schwarze ganz unverfroren dazu ausbildete, den Weißen zu dienen, gehören aber noch immer der Arbeiterklasse an. Sie tun, was das Bantu-System ihnen aufgezwungen hat, und ihr Selbstbild entspricht dem, was man ihnen eingebläut hat. Wenn Sie glauben, mit der gesetzlichen Abschaffung des Bantu-Systems – oder

der Rassentrennung ganz allgemein – hätten sich die weitreichenden kulturellen Vergiftungserscheinungen plötzlich in Luft aufgelöst, dann muss ich Sie fragen: Wie groß werden die Löwen dort, wo Sie herkommen?

Entweder wir laufen vor der Vergangenheit davon, oder wir lernen aus ihr. In der kurzen Zeit, in der ich bei meinem Vater gelebt habe, rannte ich noch, aber wie sich herausstellen sollte, nicht schnell genug.

Um *Die Geschichte von Ndabas legendärem Absturz* voll und ganz zu begreifen, muss man zunächst wissen, dass mein Großvater ohne Ausnahme jeden Morgen alle südafrikanischen Zeitungen las – alle acht, von Anfang bis Ende, jeden Tag. Dazu setzte er sich nach dem Frühstück in seinen Lieblingssessel im Wohnzimmer, und ich war immer herzlich willkommen, ihm Gesellschaft zu leisten. Es genügte jedoch nicht, dass ich die Sportseiten oder die Seiten mit den Comics las. Ich musste mir eine ganze Zeitung vornehmen, und wann immer Madiba so weit war, dass er sie brauchte, händigte ich sie ihm aus. Gelegentlich wies er mich auf einen Bericht über ein bestimmtes Ereignis hin, von dem er glaubte, dass ich darüber Bescheid wissen sollte, oder er kommentierte laut einen Leitartikel, indem er diesem begeistert zustimmte oder vehement widersprach. Zudem sah er sich jeden Abend die Lokalnachrichten an, eine Angewohnheit, die sich auch auf mich übertragen hat. Ungeachtet der Nachrichtenflut, die ich täglich über mein Smartphone erhalte, habe ich bis heute das Gefühl, es fehlt etwas, wenn ich nicht die Abendnachrichten im Fernsehen gesehen habe.

Aber entscheidend für das, was nun kommt, waren die Zeitungen.

Eines schönen Nachmittags genossen Zondwa, Kweku und ich das angenehme Wetter und teilten uns nur drei Blocks von unserer Highschool entfernt mit ein paar anderen befreundeten Jungs einen fetten Joint. Ein paar Typen, mit denen wir ständig im Clinch lagen, kamen vorbei, aber anstatt sich wie üblich direkt mit uns anzulegen – vielleicht war es ihnen zu viel Stress, oder sie befürchteten, es könnte nicht gut für sie ausgehen –, beschlossen sie, uns eine reinzuwürgen, indem sie zur Schule gingen und dort den Lehrern steckten, dass wir ein paar Blocks die Straße runter Gras rauchten. Am nächsten Tag wurden acht von uns, einschließlich mir, zur Schulleitung bestellt und zu dem Vorfall befragt. Wir drei Musketiere schwiegen eisern, aber ein paar von den anderen Jungs knickten ein wie Tulpenstiele, und damit war es für uns alle vorbei. Wir flogen von der Schule.

Damals wohnte ich bei meinem Vater, der auf der Straße groß geworden war und wusste, wie es lief. Er war zwar genervt wegen all dem Ärger, den die Sache nach sich ziehen würde, aber wirklich wütend war er nicht. Wahrscheinlich nicht einmal überrascht.

»Das ist nicht dein Ernst, Ndaba.« Er verdrehte die Augen. »Aber gut, dann müssen wir da wohl durch. Wird nicht ganz einfach werden, aber wir regeln das. Ich geh zur Schule und rede mit denen. Das ist in Ordnung, aber dein Granddad darf das auf gar keinen Fall mitkriegen.«

Am nächsten Tag stand in der Johannesburger Zeitung, ein Enkel des früheren Präsidenten Nelson Mandela sei in ein Drogendelikt verwickelt und von der Schule verwiesen worden. Mein Name wurde nicht erwähnt, und es gingen mehrere meiner Cousins und Cousinen auf diese Schule, aber die Bombe tickte. Mein Dad versuchte noch, das Schlimmste zu verhindern, indem er Madibas Sekretärin bat, dafür zu sorgen, dass er die entsprechende Zeitung nicht zu Gesicht bekam, aber natürlich las er sic trotzdem. Mir war klar, dass ich nicht umhinkam, es ihm zu sagen, und in gewisser Weise war ich sogar froh darüber. Es wäre die Hölle gewesen, es vor ihm geheim zu halten. Wenn ich die Sache hinter mich bringen wollte, musste ich mich ihr stellen, und ich wollte sie unbedingt hinter mich bringen.

»Oh, Ndaba.« Er saß in seinem Sessel, die Zeitung zusammengefaltet in seinen Händen. »Ist das wahr?«

»Ja, Granddad.«

Es war schwer, die richtigen Worte zu finden. Ich wollte ihm die Situation erklären, ohne dabei zu klingen, als versuchte ich, mich herauszureden. Für Leute, die nur nach Ausreden suchten, war ihm schon immer die Zeit zu kostbar. Er saß in seinem Sessel und hörte mir auf seine extrem aufmerksame Art zu, während ich die ganze beschämende Geschichte herunterhaspelte.

»Es tut mir leid, Granddad.«

»Oh, Ndaba. Ich kann es einfach nicht glauben. Ich bin schockiert. Das ist unter deiner Würde.«

»Ich weiß, Granddad. Es tut mir furchtbar leid.«

»Ich kann nicht glauben, dass du so etwas tust. Ist es dir mit deinem Leben nicht ernst? Verstehst du nicht, welche Möglichkeiten du hast, allein wegen deines Namens? Du hast die Möglichkeit, anderen Menschen zu helfen – große Dinge zu bewirken –, du kannst deine Chancen aber auch über Bord werfen und die Menschen, die dich lieben und sich um dich sorgen, demütigen. Dein Name ist und bleibt dein Name. Aber wer bist *du*? Das ist allein deine Entscheidung. Und du musst dich jeden Tag, jede Sekunde neu entscheiden.«

Er war wütend. Aber noch viel schlimmer als seine Wut war seine Enttäuschung. Nach einer Weile bat er mich zu gehen.

Als ich das Zimmer verließ und meinen Großvater mit diesem Ausdruck bleierner Traurigkeit zurückließ, spürte ich einen dicken Kloß im Hals. Ich war fest entschlossen, das wieder in Ordnung zu bringen, und dazu würde ich als Erstes meinen Highschoolabschluss machen. Dann wollte ich auf den Berge gehen, was mich in seinen Augen zum Mann machen würde. Er wäre wieder stolz auf mich, und ich würde mich reinwaschen. Bis dahin wollte ich cool bleiben und den Ball flach halten.

Mein Abschluss war nicht gerade ein Riesenerfolg, aber ich bestand die notwendigen Prüfungen. *Es ist, wie es ist,* dachte ich mir, aber um an der Universität von Kapstadt aufgenommen zu werden, die meine erste Wahl gewesen wäre, waren meine Noten zu schlecht. Ich hatte keine Ahnung, an welcher Uni ich ersatzweise studieren sollte, also schlug ich meinem Großvater vor, mit dem Studium noch ein Jahr zu warten. Er war entschieden dagegen.

»Nein, nein, nein«, sagte er. »Du fängst sofort deine Ausbildung an. Herumgehangen wird nicht.«

»Alle meine Freunde setzen ein Jahr aus, Granddad. Sie gehen ins Ausland, arbeiten, ziehen mit dem Rucksack los.«

»Dann können sie es sich wohl leisten.«

»Wenn du mich arbeiten lässt, kann ich selbst dafür bezahlen!«

»Nein, ich meinte, dann können sie es sich wohl leisten, ein Jahr nicht zu studieren.«

Enttäuscht und ohne viel Begeisterung schrieb ich mich an der *Rand Afrikaans University* in Johannesburg für Psychologie ein, stellte aber bald fest, dass das nichts für mich war. Ich wechselte zu Mathe und Buchhaltung, auch nicht mein Ding, und fing dann mit Politikwissenschaften an. Das interessierte mich schon mehr, war aber lange nicht so spannend, wie in den Clubs abzuhängen, auszuschlafen, Gras zu rauchen und hübsche Mädchen anzubaggern, die bereit waren, meine Hausarbeiten für mich zu schreiben. Ich dachte, wenn der Alte Mann mir kein Jahr Auszeit gönnt, dann gönne ich es mir verdammt noch mal eben selbst.

Unter der Woche wohnte ich auf dem Campus, und weil an den Wochenenden die Partys stiegen, fuhr ich auch da nicht oft nach Hause. Aber wenn ich fuhr, dann nach Houghton. Bei meinem Dad fühlte ich mich nicht mehr wohl, und es störte ihn nicht, dass ich wieder zu Madiba und Graça zog. Mama Xoli war wie immer glücklich, mich wiederzuhaben, und der Alte Mann stellte mir sogar ein Auto zur Verfügung – die billigste kleine Karre, die damals auf dem Markt war –, aber als er mein Halbjahreszeugnis sah, nahm er es mir sofort wieder weg.

»Schluss mit den Privilegien«, sagte er. »Das ist schlicht inakzeptabel, Ndaba.«

Von sechs Fächern hatte ich nur in einem meine Prüfung bestanden und nicht einmal die Mindestpunktzahl erreicht, um an der Uni bleiben zu können. Dass ich letztendlich doch bleiben konnte, hatte ich, wie ich zu meiner Schande gestehen muss, nur einem Anruf von Madiba zu verdanken. Reumütig schlich ich zurück für das zweite Semester, und mein Großvater machte aus der Ferne Druck.

»Wo ist dein Bericht? Hast du den Mathetest geschrieben? Wann sehe ich deine Noten? Das ist inakzeptabel, Ndaba! Du kannst das besser.« Ununterbrochen ermahnte er mich, während ich ein ausgeklügeltes Hütchenspiel mit ihm spielte und ihm nur die Tests zeigte, die ich bestanden hatte. Als er mir schließlich auf die Schliche kam, sagte ich: »Warum muss ich immer tun, was man mir sagt? Wenn du immer getan hättest, was man dir sagte, wo wären wir dann heute?«

Wenn ich solche Argumente brachte, blieb der Alte Mann stets ruhig und gelassen. Er machte sich nicht einmal die Mühe, mir zu erklären, worin der Unterschied zwischen meiner jugendlichen Rebellion und seinem Widerstandskampf lag. Wahrscheinlich wusste er, dass ich das Entscheidende bald selbst erkennen würde: Die richtige Art von Widerstand, zur richtigen Zeit und aus den richtigen Gründen macht uns stärker, während eine überstürzte, selbstsüchtige und wutgetriebene Rebellion uns letztendlich nur schwächt. Dass eine Freiheit, die uns selbst und jene, die uns lieben, dazu zwingt, in einem Gefängnis aus Sorge und Chaos zu leben, gar keine richtig Freiheit ist, hatte ich damals noch nicht begriffen.

Kurz vor meinem achtzehnten Geburtstag ging mein Vater zu Madiba, um die Sache mit dem »auf den Berge gehen« ins Rollen zu bringen. Ich selbst hatte dabei nichts zu melden. Während mein Vater bei Madiba war, kam Mandla in mein Zimmer, als ich gerade vor dem Fernseher rumhing, und verkündete mir: »Dad und ich haben beschlossen, es ist Zeit, dass du auf den Berg gehst. Nächste Woche ist es so weit.« Er sagte das einfach so. Aber genau das ist der Trick dabei. Sie wollen nicht, dass du zu lange darüber nachdenkst, dass man dir ein Stück Penis abschneidet. Eine ekelhafte Vorstellung. Echt krass. Auf den Berg gehen stand auf meiner Liste von Dingen, die ich gerne tun wollte, wirklich nicht besonders weit oben. Ich habe im Dezember Geburtstag, und die meisten meiner Freunde damals waren Zulu oder Sotho, Stämme, die sich von dieser besonderen Tradition abgewandt hatten und sie nicht mehr praktizierten. Das hieß, meine Freunde fuhren alle in die Ferien, während ich an meinem achtzehnten Geburtstag auf den Berg durfte, um mir den Penis beschneiden zu lassen.

Wie wohl jeder junge Mann in meiner Situation, sah ich der Sache mit sehr gemischten Gefühlen entgegen, aber diskutieren war zwecklos. Wenn die Männer in meiner Familie beschlossen hatten, dass es Zeit für mich war zu gehen, war es Zeit zu gehen.

Mein Dad ging also zu Madiba ins Büro und blieb sehr lange drin. Zumindest so lange, dass mir genügend Zeit blieb, gründlich über das Ganze nachzudenken. Ich wusste, wie viel es meinem Großvater bedeutete und dass es für die ganze Familie eine wirklich wichtige Angelegenheit war. Und im Grunde war es ja auch gar nicht so schlecht. Danach konnte ich Mädchen zum Essen mit nach Hause bringen, kommen und gehen, wie ich wollte, und der Alte Mann, mein Dad und Mandla mussten mich als ihresgleichen respektieren. Damit konnte ich mich anfreunden. Respekt war eine gute Sache.

Aber als mein Dad aus Madibas Büro kam, sah er nicht gerade glücklich aus. »Dein Großvater sagt, du gehst nicht«, erklärte er.

»Was?«

»Er hat Nein gesagt. Er hat gesagt: ›Der Junge ist noch nicht so weit.‹ Das war's.«

Und damit war die Sache vorerst vom Tisch. Der Alte Mann würde seine Meinung nicht ändern, und Dad und Mandla konnten mich nicht einfach mitnehmen. Mein Großvater würde auf jeden Fall dahinterkommen, und das würde alles nur noch schlimmer machen.

»Na ja«, sagte ich nur, »wenn der Alte Mann Nein sagt, müssen wir seine Entscheidung wohl respektieren.« Aber ich will nicht lügen. Meine erste Reaktion war: *Jaaaaaa! Danke, Gott!* Ich war unglaublich erleichtert. Aber als ich dann Ferien hatte, meinen achtzehnten Geburtstag und die Tatsache feierte, dass sich niemand mit einem scharfen Gegenstand an meinem Penis zu schaffen machte, verspürte ich plötzlich doch eine eigenartige Enttäuschung. Ich dachte an die jungen Xhosa, die sich im Morgengrauen in den Hügeln bei Qunu versammelten, und fast konnte ich die Musik hören.

KAPITEL 8

Intyatyambo engayi kufa ayibonakali.

»Die Blume, die nie verblüht,
ist unsichtbar.«

In meiner Schulzeit war ich kein großer Leser. Über die vorge-schriebene Schullektüre hinaus las ich Comics. Das erste Buch, das ich freiwillig verschlang, war *Der Alchimist* von Paulo Coelho. Tante Maki gab es mir zu lesen, als ich in der Highschool war, zu einer Zeit, als bei mir langsam alles etwas aus dem Ruder lief und die Menschen, die mich liebten, anfingen, sich Sorgen zu machen.

Sie sagte: »Es handelt von einem Schafhirten, der sich auf die Suche nach einem wertvollen Schatz macht, der ihm im Traum ge-zeigt wurde.« Natürlich geht es um viel mehr – das wissen Sie, wenn Sie das Buch kennen. Die Suche des Schafhirten hatte ursprüng-lich mein Interesse geweckt, aber es war die tiefere Bedeutung des Buches, die in mir widerhallte und mich nicht mehr losließ. Ich las das Buch, entgegen meinen sonstigen Gewohnheiten, vom Anfang bis zum Ende durch. Es erzählt davon, wie wir mit anderen Men-schen umgehen – und mit unseren Träumen und Zielen, die wir so erschreckend schnell aus den Augen verlieren. Die Reise des Hirten stand für mein eigenes Leben. Das erkannte ich sogar damals.

Am Anfang des Buches schläft der junge Santiago in einer verlassenen Kirche ein und träumt von einem Schatz, der in der Nähe der Pyramiden in Ägypten versteckt ist. Er ist entschlossen, diesen Schatz zu finden. Ein freundlicher alter Mann macht ihn mit der Idee des persönlichen Lebenswegs bekannt – das sind deine Begabungen, deine Pläne, deine Wünsche – und erzählt ihm, dass jeder Mensch seinen persönlichen Lebensweg kennt, solange er noch ein Kind ist. Aber wenn wir heranwachsen, sagt man uns ständig, dass unsere Suche töricht oder unnütz sei oder unsere Fähigkeiten übersteige. Beim Älterwerden verstärken wir dies mit »Schichten von Vorurteilen, Ängsten und Schuldgefühlen«, bis unser persönlicher Lebensweg in die entfernteste und dunkelste Ecke unserer Seele verbannt ist. Unsichtbar. Unhörbar. Aber fühlen können wir ihn noch. Er ist nach wie vor da.

Nach meinem katastrophalen »Überbrückungsjahr« fand ich mich im Haus meines Großvaters wieder, wo wir gemeinsam überlegten, welche Möglichkeiten ich jetzt hatte. Er schlug vor, dass ich zurück auf die Highschool ging, zurück an den Punkt, an dem alles aus dem Ruder gelaufen war. Mir erschien das nicht besonders reizvoll.

»Wenn ich mein Abschlussjahr wiederhole, komme ich mir wie der letzte Blödmann vor.«

»Du würdest es nicht wiederholen«, sagte der Alte Mann. »Du würdest es vollkommen anders machen.«

Das stimmte natürlich.

»Ich könnte mein Matric wiederholen«, sagte ich. »Ich bin mir sicher, dass ich besser abschneiden kann. Und dann könnte ich nach Pretoria gehen, wie ich es eigentlich geplant hatte.«

Gemeinsam beschlossen wir, dass es für mich das Beste wäre, ans Damelin-College zu gehen, das es in jeder größeren Stadt in Südafrika gibt, um dort mein letztes Highschooljahr zu wiederholen. Darauf konnte ich mich einlassen, denn das Damelin war keine typische, straff reglementierte südafrikanische Highschool. Normalerweise muss man dort eine Uniform tragen und sich an unzählige Regeln halten, die der jeweiligen Religionsgemeinschaft entstammen, von der die Schule betrieben wird. Im Damelin konnte man auf die Highschool gehen oder aufs College oder beides kombinieren. Man konnte anziehen, was man wollte, und in den Pausen durfte man auf dem Schulhof rauchen. Hierher wurden viele Jugendliche geschickt, denen es – lassen Sie es uns ruhig so formulieren – nicht gut ging. Es wäre nicht richtig, sie die »krassen Kids« zu nennen oder die, »die dauernd Scheiße bauen«. Denn ich glaube nicht, dass jeder, der mal Scheiße baut, automatisch krass drauf ist. Und ich weiß genau, dass viele krasse Kids durch die Schule kommen, ohne jemals anzuecken.

So oder so war das Damelin für mich eine gute Wahl. Beim Highschoolabschluss schnitt ich wesentlich besser ab. Mein Durchschnitt reichte aus, um an die Universität von Pretoria zu gehen, wo ich einen Abschluss im Fach Internationale Beziehungen anstrebte. Während ich mit meinem Großvater zusammensaß, die Zeitung las und mir seine Einschätzungen des brisanten Zustands der internationalen Beziehungen anhörte, hatte ich angefangen, mich immer mehr für die Weltpolitik zu interessieren.

Am Ende des Jahres 2002 passierte etwas Ungeheuerliches. Der damalige amerikanische Präsident George W. Bush zeigte dem Sicherheitsrat der Vereinten Nationen im Grunde genommen den Stinkefinger. Er behauptete, dass der Irak Massenvernichtungswaffen entwickelte, und nutzte das als Rechtfertigung, um in das Land einzumarschieren – und zwar obwohl die UN-Inspektoren versichert hatten, dass seine Informationen falsch waren. UN-Generalsekretär war zu dieser Zeit Kofi Atta Annan, ein Diplomat aus Ghana. Der Alte Mann nahm das äußerst persönlich.

»Ich frage mich, ob es Bush, jetzt, wo der Generalsekretär ein Afrikaner ist, leichter gefallen ist, die Vereinten Nationen zu übergehen!«

»Granddad, wenn sie einmarschieren, heißt das dann, dass die USA – und Großbritannien, weil Blair ja auf ihrer Seite ist – nicht mehr Südafrikas Verbündete sind?«

»Die Vereinigten Staaten von Amerika sind ein großartiges Land. Wir haben dort viele, viele Freunde, wie auch in Großbritannien, aber nüchtern betrachtet muss man sagen, dass die USA zahlreiche Gräueltaten begangen haben, ohne jemals eine Spur von Reue zu zeigen. Denk nur an die Atombomben auf Hiroshima und Nagasaki. Ndaba, was glaubst du, auf wen zielten diese Bomben eigentlich?«

»Auf die Sowjetunion.«

»Genau! Sie wollten damit sagen: ›So! Jetzt seht ihr, was passiert, wenn wir einander missverstehen.‹ Sie sind total anmaßend – nicht die normalen Leute, aber die Regierung. Sie töten unschuldige Menschen, um dem Rest der Welt zu zeigen, wie mächtig sie sind.«

Im Januar hielt Madiba eine flammende Rede beim *International Women's Forum*. Er war sehr wütend und hielt sich nicht zurück. Als ich mir die Rede auf YouTube ansah, spürte ich, wie der Boxer in ihm hervorbrach. Der Kraftprotz. Der Freiheitskämpfer.

»George Bush und Tony Blair untergraben eine Idee, die von ihren eigenen Vorgängern vorangetrieben wurde«, rief er. »Doch das kümmert sie nicht. Liegt es daran, dass der Generalsekretär der Vereinten Nationen im Augenblick ein Schwarzer ist?«

Aus dem großen Publikum kamen Beifallsrufe.

»So etwas haben sie nie getan, als die Generalsekretäre weiß waren. Was sollen wir aus der Tatsache lernen, dass sie außerhalb der Vereinten Nationen agieren? Sagen sie damit, dass jedes Land, das glaubt, die Unterstützung der anderen Länder nicht bekommen zu können, nun berechtigt ist, sich außerhalb der UN zu stellen und sie zu missachten? Oder sagen sie: ›Wir, die Vereinigten Staaten von Amerika, sind nun die einzige Supermacht der Welt. Wir können machen, was wir wollen.‹ Sagen sie, dass ihr Verhalten ein Vorbild ist, das wir nachahmen sollten? Oder sagen sie: ›Wir sind etwas Besonderes. Was wir tun, sollte von niemand anderem getan werden!‹?«

Er erörterte seine Theorie über Nagasaki und Hiroshima und griff George W. Bush frontal an.

»Wer sind Sie denn, dass Sie so tun, als wären Sie die Weltpolizei? Ich verurteile es, dass ein Land mit einem Präsidenten, der keine Weitsicht besitzt – der nicht vernünftig denken kann –, bereit ist, einen Völkermord zu begehen. Und ich bin froh, dass Menschen auf der ganzen Welt, besonders in den USA, sich erheben und sich gegen ihren eigenen Präsidenten stellen. Ich hoffe, dass dieser Widerstand ihm eines Tages zeigen wird, dass er den schlimmsten Fehler seines Lebens begangen hat, als er versuchte, ohne jegliche Bevollmächtigung durch die internationalen Gremien ein Blutbad anzurichten und die Welt herumzukommandieren. Wir müssen das ohne jeden Vorbehalt verurteilen.«

Schon am nächsten Tag war die Rede überall im Internet zu sehen und zu hören.

In den Überschriften stürzte man sich natürlich auf die schärfsten Formulierungen, aber das machte dem Alten Mann nichts aus. Er bereute kein einziges Wort. Er erzählte mir, dass George H. W. Bush – Ex-Präsident und Vater von George W. – ihn an diesem Abend anrief.

»Was hat er denn gesagt?«, fragte ich.

»Ach, er war sehr höflich: ›Mr. Mandela‹, sagte er, ›bitte sagen Sie nichts Schlechtes mehr über meinen Sohn.‹«

»Und was hast du geantwortet?«

»Ich sagte zu ihm: ›Machen Sie sich keine Sorgen!‹ Also, ich bin alles losgeworden. Mehr habe ich zu dem Thema nicht zu sagen.«

Ich selbst hatte den Zorn des Alten Mannes ja schon einige Male abbekommen, und mir taten die beiden Bushs, junior und senior, beinahe leid.

Während meines ersten Uni-Jahres – des ersten, das wirklich zählte – konzentrierte ich mich hauptsächlich aufs Studieren, aber ich versuchte auch wieder, Kontakt zu meiner Mutter aufzunehmen. Sie war inzwischen ein wenig zur Ruhe gekommen. Während meiner Highschoolzeit hatte ich sie nur ein paarmal gesehen, doch der vorübergehende Aufenthalt bei meinem Vater hatte mir die Augen dafür geöffnet, mit welchen Schwierigkeiten sie in ihrem Leben hatte kämpfen müssen.

Mein Dad erzählte es mir so: »Der Alte Mann schickte sie in den East Rand – Haus, Job, für alles war gesorgt. Aber von mir war sie getrennt. Ich bin ein Mann. Was willst du erwarten? Sie war permanent wütend. Sie wollte bei ihrer Familie sein. Also ging sie zurück nach Soweto. Der Alte Mann meinte daraufhin: ›Sie weiß wohl nicht zu schätzen, was ich für sie getan habe?‹ Und vielleicht schätzte sie es wirklich nicht. Vielleicht hätte sie es besser gefunden, wenn man ihr nicht gesagt hätte, wo sie hinzugehen und was sie zu tun hatte. Man muss das trennen, Ndaba. Der Alte Mann ist großartig, aber er versteht nichts von diesen Dingen. Er ist sehr gut darin, unser Land zu führen. Aber als Oberhaupt unserer Familie ist er nicht so gut.«

Irgendwann ging ich einfach beim Haus meiner Mutter vorbei, und sie freute sich, mich zu sehen. Sie kochte mir etwas, erzählte von ihrem Job als Sozialarbeiterin, fragte mich über meine Seminare aus und über die Mädchen, mit denen ich ging. Wir machten Small Talk. Auf die Vergangenheit kamen wir nicht zu sprechen, und wir vertieften auch nicht die Frage, warum alles auf diese spezielle Weise den Bach runtergegangen war. Wir verbrachten einfach Zeit miteinander, aßen zusammen, sahen fern und stellten eine angenehm erwachsene Version jener Verbindung wieder her, die wir gehabt hatten, als ich ein kleiner Junge war. Sie ließ mich in Ruhe, ich ließ sie in Ruhe. Wir lachten viel. Ich hatte total vergessen, wie lustig und unbeschwert sie sein konnte, wenn es ihr gut ging. Sie neckte mich, spielte mir Streiche und erzählte total lustige Geschichten über die Menschen und Orte, die sie in ihrem Leben kennengelernt hatte. Es war ein guter Zeitpunkt für einen Neuanfang in unserer Beziehung. Ich ging davon aus, dass wir viel Zeit haben würden.

Nach ein paar Wochen fuhr ich wieder bei ihr vorbei und machte es mir von nun an zur Gewohnheit, sie ungefähr einmal im Monat zu besuchen. Eines Tages, als ich bei ihr ankam, war Tante Lucy gerade dabei, ihr die Haare zu flechten. Es sah seltsam aus. Tante Lucy musste die ganze Zeit solche weißen Hautflocken von ihrem Kopf kämmen. Sie sahen ein bisschen aus wie Schuppen, nur – irgendetwas war seltsam. Als ich das nächste Mal bei ihr war, merkte ich, dass sie dünner geworden war. Sie sagte mir nicht, dass sie krank war, deutete niemals an, dass sie sich fürchtete, deprimiert war oder Schmerzen hatte. Aber eines Tages rief Tante Lucy an und sagte: »Oh, Ndaba. Es geht ihr nicht gut. Sie war eine Woche im Krankenhaus. Sie haben ihr Tabletten gegeben und sie nach Hause geschickt. Sie haben gesagt, dass sie nichts weiter für sie tun können.«

»Sag ihr, ich komme vorbei«, antwortete ich.

Ich dachte sofort an Tuberkulose. Vielleicht eine Lungenentzündung. Ich fuhr nach Soweto, und sie war in keiner guten Verfassung. Sie hatte einen quälenden Husten, und auf ihrer Stirn und ihren Schläfen hatte sich ein seltsamer Ausschlag gebildet.

»Ich mache mir Sorgen um sie«, sagte ich zu Mandla. »Irgendetwas ist da faul.«

»In der öffentlichen Klinik in Soweto kriegt sie nicht die beste Behandlung«, sagte er. »Du musst sie in eine Privatklinik bringen.«

Das klang nach einer guten Idee. Ich hörte mich um, bereitete alles vor und brachte sie in dem Glauben, dass sich das Blatt nun wenden würde, in ein privates Krankenhaus, das näher an Houghton lag. Ich rechnete damit, dass sich ihr Zustand stetig verbessern würde und sie bald nach Hause könne, und in der Zwischenzeit, so dachte ich mir, würde ich sie jeden Tag besuchen. So war mein Plan. Im Flur vor dem Krankenzimmer meiner Mutter fragte ich die neue Ärztin: »Was meinen Sie, wie lange dauert es, bis es ihr wieder gut geht?«

»Wieder gut?«, fragte sie mit einem eigenartigen Gesichtsausdruck. »Ndaba, ist Ihnen klar, dass Ihre Mutter HIV-positiv ist?«

»Nein«, antwortete ich. Das war auf einmal das einzige Wort in meinem Kopf. *Nein. Nein. Nein.*

»Pneumocystis pneumonia wird von einem Pilz verursacht«, sagte sie. »Er ist sehr verbreitet. Ab einem Alter von drei bis vier Jahren kann ihn praktisch jeder bekommen. Wenn man ein intaktes Immunsystem hat, muss man nicht einmal merken, dass man ihn hat. Aber in dem Zustand Ihrer Mutter, mit HIV ...«

Sie sprach weiter, aber ich hörte nur Geräusche, massenhaft Wörter und Zahlen und Informationen aus Grafiken. Ich konzentrierte mich darauf, dass mir die Knie nicht unter dem Körper wegknickten. Irgendwann drehte ich mich einfach um und ging. Jetzt brachen alle Dämme, ich weinte hemmungslos. Dann ging ich zurück ins Zimmer meiner Mutter und schrie sie an: »Wie konntest du mir das verheimlichen? Warum hast du nichts gesagt?«

Sie saß auf der Bettkante und starrte auf den Fußboden. Ich konnte förmlich sehen, wie die Scham und die Einsamkeit auf ihren schmalen Schultern lasteten. Es war einer der traurigsten Augenblicke meines Lebens.

Meine Mutter kehrte zurück nach Soweto, aber ihr Zustand verschlechterte sich rapide. Ich brachte sie zurück in die Privatklinik, damit sie näher bei mir war. Wann immer ich konnte, fuhr ich hin und saß an ihrem Bett, und jede Nacht brauchte ich Alkohol, um einzuschlafen. Ich konnte nicht genug kiffen, um diesen Schmerz zu betäuben. Viele Stunden saßen wir zusammen, ohne zu sprechen. Es gab nichts mehr zu sagen. Die Tage, die ich an ihrer Seite sein und ihre Hand halten konnte, waren gezählt, und so saß ich da, und die Wochen vergingen. Am 13. Juli 2003 starb meine Mutter. Es ist sehr schwer für mich, darüber zu sprechen oder zu schreiben. Ich möchte Ihnen lieber das Ende der *Geschichte von der Zulu-Frau und dem gefälligen Fluss* erzählen.

Erinnern Sie sich, wie die Frau sagt: »Fluss, gib mir das Kind zurück, das ich vor langer Zeit verloren habe«? Und der Fluss antwortet: »Schneid dir dein Herz heraus und gib es mir«? Sie macht es. Sie wirft ihr Herz in den Fluss, sodass sie nur weiterleben kann, wenn sie ins Wasser geht, dorthin, wo ihr Herz ist. Das Baby, ihren kleinen Jungen, lässt sie bei seinen Tanten am Ufer zurück. Jede Nacht, wenn der Flussgott schläft, waten die Tanten mit dem Baby ins Wasser, damit seine Mutter es stillen und mit ihm spielen kann, und als der kleine Junge herangewachsen ist, fasst er den Plan, sie zu retten. Das Baby der Zulu-Frau, das zum Jüngling herangewachsen ist und dann zum Mann, bringt die Dorfbewohner dazu, ihn zum Fluss zu begleiten. Er bindet das Ende eines Seils um einen Baum und wickelt sich das andere Ende um die Hüfte. Zu seinen Freunden sagt er: »Okay, in dem Moment, in dem ich die Arme um meine Mutter geschlungen habe, zieht ihr mit aller Kraft!« Aber das hört der Flussgott, und er ist eifersüchtig. Gerade, als der junge Mann die Arme um seine wunderschöne Mutter schlingen kann, verwandelt sie sich in einen schillernden Rotlachs und verschwindet im endlosen Strom.

Beim Tod meiner Mutter war ich am Boden zerstört. Ich war traurig, aber ich war auch wütend. Ich konnte einfach nicht verstehen, warum sie sich entschieden hatte, mir etwas so Wichtiges zu verschweigen. Andere hatten mit Sicherheit davon gewusst – die Ärzte und Krankenschwestern in Soweto, meine Tanten, ihre Freunde –, und niemand hielt es für angebracht, es mir zu erzählen! Dachten sie alle, dass es besser für mich wäre, überrumpelt zu werden? Oder glaubten sie tatsächlich, dass ich es niemals herausfinden würde?

Noch immer war niemand bereit, über HIV und Aids zu sprechen. Ich starrte auf die Zeitungsberichte über den Tod meiner Mutter. In der offiziellen Pressemitteilung der Familie hieß es, dass sie an einer Lungenentzündung gestorben sei. Eine Woche später kam es zu einem schrecklichen Zerwürfnis zwischen mir und Tante Maki, das damit begann, dass sie darauf bestand, Mbuso und Andile zur Geburtstagsfeier unseres Großvaters mitzunehmen. Ich war der Ansicht, dass das absurd sei, und sagte es ihr.

»Die Jungs haben vor genau einer Woche ihre Mutter verloren! Du nimmst sie nicht mit auf eine Party!«

Sie antwortete, dass es gut für die beiden wäre. Robert De Niro wollte auch kommen. Große Presse. Die Leute würden sich fragen, warum sie nicht auf Madibas Geburtstagsfeier waren.

Das Ganze entwickelte sich zu einem harten Tauziehen, und ich verlor. Sie befahl Mbuso und Andile, ins Auto zu steigen, und die beiden taten, was ihnen gesagt wurde. Die ganze Sache machte mich nur noch trauriger und wütender – auf Tante Maki, auf die Welt, auf das Leben.

»Meine Mutter starb, als ich im Gefängnis war«, sagte mein Großvater zu mir. »Als ich eines Tages aus dem Steinbruch kam, reichte mir jemand ein Telegramm von deinem Vater. Meine Mutter war an einem Herzinfarkt gestorben. Für die Beerdigung war ich verantwortlich, denn ich war ihr einziger Sohn, ihr ältestes Kind. Natürlich bekam ich keine Erlaubnis. Das ließ mich den Weg, den ich gewählt hatte, infrage stellen – die vielen Schwierigkeiten, die meine Entscheidungen ihr bereitet hatten.«

Ich wusste nicht, was ich darauf antworten sollte. Ehrlich gesagt half mir nichts davon weiter. Ich wünschte, wir hätten einfach still dasitzen können. Damals kam es mir nicht in den Sinn, dass er vielleicht versuchte, mir zu sagen, dass er mein überwältigendes Ohnmachtsgefühl verstehen konnte, denn das Stigma, das HIV und Aids umgab, war ebenso unnachgiebig wie Mauern aus Stein und eiserne Gitterstäbe.

Meine Mutter starb im Jahr 2003, zwanzig Jahre nachdem das HIV-Virus entdeckt worden war. Doch wir – als Familie, als Nation, als Weltgemeinschaft – waren noch immer unfähig, offen darüber zu sprechen. Das Stigma bezwang den gesunden Menschenverstand, bezwang die guten Sitten, bezwang die Liebe. Und nun hatte ich selbst aus unmittelbarer Nähe erlebt, dass dieses Stigma einen Menschen ebenso erfolgreich töten konnte, wie die Krankheit selbst.

»Wenn ein Mann seine Mutter beerdigen muss, bringt ihn das dazu, sein Leben neu zu bewerten«, sagte der Alte Mann. Damit hatte er recht, wie ich feststellte. Vielleicht nicht in diesem Moment, aber im Verlauf des folgenden Jahres.

Irgendwo, mitten in diesem Chaos, fand ich meinen persönlichen Lebensweg wieder. Die Teile fügten sich langsam zusammen – jenes Erlebnis in Disneyworld in der Schlange vor dem Space Mountain, die aufschlussreiche Zeit, die ich bei meinem Vater verbracht hatte, alles, was ich gesehen und gehört hatte, während ich bei meinem Großvater lebte –, es war immer noch da.

Kweku und ich fingen an, uns über die konkrete Struktur einer Organisation zu verständigen, die später die *Africa Rising Foundation* wurde. Wir versuchten, ein Instrumentarium zu entwickeln, mit dem die nächste Generation den kulturellen und soziopolitischen Fortschritt weitertragen konnte, den Madiba und seine Generation in Gang gesetzt hatten.

»Wir wollen die Rolle Afrikas in der Welt thematisieren«, erklärte ich meinem Großvater. »Und wir müssen über Aids sprechen. Wir müssen das einfach angehen.«

»Das ist nicht einfach«, sagte er. »Wir haben es mit einer konservativen Gesellschaft zu tun. Denk an die Frau in KwaZulu-Natal vor ein paar Jahren – sie wurde ermordet, zu Tode gesteinigt von ihren eigenen Nachbarn, als sie ihnen gestanden hatte, dass sie HIV-positiv ist.«

»Ja, ich erinnere mich. Und das ist kein Ausnahmefall. Ich verstehe, dass die Leute Angst haben, darüber zu sprechen. Aber es ist das Erste, was sich ändern muss.«

»Ndaba. Ich habe es versucht. Ganz am Anfang, im Jahr 1991, fuhr ich nach Mpumalanga und redete mit den Leuten. Ich sagte den Eltern: ›Wir haben es mit einer Epidemie zu tun. Ihr müsst mit euren Kindern über Safer Sex reden. Ihr müsst über Verhütungsmittel sprechen.‹ Ich sagte ihnen, dass ihre Regierung und ihre Gemeinden zum Wohl der Kinder zusammenarbeiten müssten. In ihren Gesichtern konnte ich sehen, wie abstoßend sie meine Worte fanden. Sie wurden wütend. ›Wie können Sie so etwas

sagen! Sie ermutigen unsere Kinder zur Prostitution!‹ In Bloem-
fontein sagte eine Schuldirektorin – eine Frau mit einem Univer-
sitätsabschluss – zu mir: ›Madiba, Sie dürfen diese Dinge nicht
ansprechen. Sie werden die Wahl verlieren.‹ Ich wusste, dass sie
recht hatte. Und ich war nicht scharf darauf, diese Wahl zu verlieren. Ich musste damit aufhören, Ndaba. Aber im Jahr 1999, auf
meiner letzten Pressekonferenz als Präsident, sagte ich sehr wohl,
dass die Initiativen weiterentwickelt werden müssten. Öffentliche
Aufklärung, der Kampf dafür, dass das Medikament Zidovudin
erschwinglicher wird – das sind teure Programme. Man kann nicht
erwarten, dass alles auf einmal passiert.«

Ich verstand, was mein Großvater meinte, und ich wusste, dass
er mehr getan hatte als jeder zuvor. Aber es war nicht genug.

»Nichts wird sich jemals ändern, wenn wir nicht darüber sprechen können, Granddad. Wenn eine Frau es nicht ihren Nachbarn sagen kann, ohne um ihr Leben zu fürchten, und wenn eine
Mutter es nicht ihrem Sohn sagen kann, dann verändert sich gar
nichts. Ich kann das nicht akzeptieren.«

Er hörte zu. Nickte.

Ich studierte weiter, konzentrierte mich auf meinen Abschluss.
Mir war klar, dass das der erste Schritt in Richtung dessen war,
was danach kommen würde. Ich wusste nun auch, dass der Alte
Mann das Schweigen und das Stigma wirklich durchbrechen wollte, die für HIV und Aids in Südafrika einen so fruchtbaren Boden
bereitet hatten.

Nur einige Monate vor dem Tod meiner Mutter war Joe Strum-
mer, der Sänger von *The Clash*, ganz plötzlich gestorben, und kurz
zuvor hatte er noch mit Bono von *U2* an dem Song *46664 (Long
Walk to Freedom)* gearbeitet. Diese Identifikationsnummer hatte
der Alte Mann bekommen, als man ihn nach Robben Island brachte, er war der 466. Gefangene im Jahr 1964. Sie gaben ihm diese

Nummer, weil sie glaubten, Macht über ihn zu haben. Der Song-titel war also eine Hommage an meinen Großvater und gleichzeitig das Herzstück einer ausgedehnten Konzertreihe, die den Zweck hatte, weltweit Spenden zu sammeln und die Wahrnehmung von HIV und Aids zu verändern.

Als er die Konzertpläne an die Öffentlichkeit brachte, sagte Madiba: »Ich muss sicher sein, dass wir es in einer globalen Anstrengung schaffen, die Epidemie zu stoppen.«

Das erste *46664*-Konzert sollte am 29. November 2003 in Kapstadt stattfinden – eine Woche vor meinem einundzwanzigsten Geburtstag.

Am Ende des Sommers wurde meine Aufregung immer größer, und die Liste derer, die ihre Teilnahme zugesagt hatten, wurde immer beeindruckender: Peter Gabriel, Robert Plant, Beyoncé, Brian May und Roger Taylor von *Queen*, Angelique Kidjo, Ladysmith Black Mambazo, *The Who*, Yvonne Chaka Chaka – sogar der Soweto Gospel Choir war im Programm, extra für Mama Xoli. Mal ehrlich: Beyoncé! Ich würde Beyoncé kennenlernen!

Am Tag der Veranstaltung trat der Alte Mann im Green Point Stadium vor achtzehntausend Konzertbesuchern und weltweit Millionen von Fernsehzuschauern auf die Bühne. Er sagte: »Wenn die Geschichte unserer Zeit geschrieben wird, wie wird man sich an uns erinnern? Als die Generation, die in einer Situation der globalen Krise weggeschaut hat? Oder werden wir in die Geschichte eingehen als die, die das Richtige getan haben? Wir müssen uns über alle Differenzen hinwegsetzen und unsere Kräfte bündeln, um unsere Menschen zu retten.«

Es war ein großartiger Augenblick. Beyoncé war da. Aber ich war nicht da.

Denn nur wenige Wochen zuvor hatte mein Vater, weil mein einundzwanzigster Geburtstag näher rückte, das Thema noch einmal angesprochen, und gefragt, ob ich nun auf den Berg gehen könne.

Und dieses Mal hatte der Alte Mann geantwortet: »Ja. Er ist so weit.«

KAPITEL 9

Ukuluka

»Auf den Berg gehen«

Das Dorf Qunu liegt ungefähr eine Stunde von der Küste entfernt in der Provinz Ostkap. Es war Madibas Lieblingsort und der Platz seiner glücklichsten Kindheitserinnerungen. Jedes Jahr im Dezember fuhren wir zu dem Haus, das er sich dort hatte bauen lassen – die Replik seines Gefängniswärterhauses –, und mit den Jahren lernte auch ich diesen Ort lieben. Im Frühling ist die Hügellandschaft von einem leuchtenden Grün, das während der heißen Monate im Sommer zu einem satten Ocker und Braun verblasst. Zwischen Dorf und bergigem Horizont sieht man in der Ferne schroffe Abhänge, Felsbrocken und Steilwände. Das Dorf selbst ist eine pittoreske Ansammlung von Ziegelhäuschen und sogenannten Rondavels, extrem effizienten Rundhütten und Außengebäuden mit stroh- oder blechgedeckten Dächern. (Es würde mich wirklich freuen, wenn die Rondavels bald wieder in Mode kommen und die derzeit aktuellen »Minihäuser« ablösen würden.)

Der Friedhof, auf dem meine Urgroßeltern und andere Familienmitglieder beerdigt sind, befindet sich am Dorfrand.

Während der langen Fahrt durch die malerische Landschaft zeigte uns mein Großvater jedes Mal seine Lieblingsplätze. »Siehst du die flachen Felsen dort drüben? Als ich ein Junge war, sind wir immer wieder die glatten Flächen hinuntergerutscht, bis unsere Hintern wund waren. Und dort drüben – das war damals alles Ackerland.« Dort war das Feld, auf dem ihn ein Esel in einen Dornenbusch abwarf. Dort der Fluss, in dem er und seine Freunde schwammen und Fische fingen. Es ist eine sehr ländliche Gegend mit weit verstreuten Farmen, weshalb wir immer wieder anhalten mussten, um Kühe passieren zu lassen.

Für den Alten Mann war das jedes Mal das Stichwort, um uns von dem engen Verhältnis der Xhosa zu ihren Rindern zu erzählen und wie er als Kind warme Milch direkt aus dem Euter getrunken hatte. Rinder waren über Generationen die wichtigste Nahrungsquelle der Xhosa und der Grund für ihren Wohlstand. Als Junge hatte Madiba seine Aufgabe, die Rinder und Schafe der Familie zu hüten, sehr ernst genommen, aber wie der Hirte Santiago in *Der Alchimist* wusste auch er, dass er seine Herde eines Tages verlassen würde.

In Qunu erzählen sie noch immer gerne die Geschichte von dem Weißen, der auf seiner Fahrt durch die weiten Hügel im Dorf eine Motorradpanne hatte. Für die Dorfkinder war das eine aufregende Abwechslung, und alle kamen angerannt, um zu schauen.

Eines der Kinder trat vor und fragte: »Kann ich Ihnen helfen?«

»Du sprichst Englisch!« Der Motoradfahrer war überrascht, aber auch froh, jemanden zu haben, der ihm bei der Reparatur seines Fahrzeugs zur Hand gehen konnte. Als das Motorrad wieder lief, bedankte sich der Fahrer bei dem Jungen und gab ihm drei Pennys.

»Danke«, sagte der kleine Kerl. »Je einer für meine Schwestern und einer für meine Schulgebühren.«

»Wie heißt du?«

»Nelson.«

Um es nicht zu kompliziert zu machen, nannte der Junge dem Motorradfahrer den Namen, den man ihm in der Schule gegeben hatte, auch wenn sein Geburtsname eigentlich Rolihlahla war, was so viel bedeutet wie »Unruhestifter« oder wörtlich übersetzt »der an den Ästen der Bäume zerrt«. Ich liebe diesen Namen, weil er so perfekt zu meinem Großvater passte. Bei seinem *Ukuluka* erhielt er den Männernamen Dalibhunga (»der zum Gespräch aufruft«).

Auf den Tag, an dem ich meinen Männernamen erhalten würde, freute ich mich schon jetzt, vor allem, weil es bedeutete, dass die Tortur dann fast überstanden war. Daher war ich letztendlich froh, als man mir sagte, Madiba sei nun zu dem Schluss gekommen, dass ich bereit sei, auf den Berge zu gehen. Trotzdem muss ich zugeben, dass ich auf dem Weg dorthin doch ziemlich nervös wurde. Das *Ukuluka* ist eine sehr harte Mutprobe und gibt immer wieder Anlass zu Kontroversen. Jedes Jahr hört man von Fällen, in denen junge Männer entstellt werden, ihre Genitalien verlieren oder sogar an den Folgen einer Infektion oder anderer Komplikationen sterben. Eine Zeit lang versuchte die Regierung, die Sache zu regulieren. Es wurden Leute bezahlt, die angeblich qualifiziert waren, die Beschneidungen durchzuführen. Das öffnete jedoch auch Männern die Tür, die zwar ein Zertifikat der Regierung besaßen, deshalb aber noch lange nicht als Fachleute gelten konnten. Sie machten den Job nur wegen des Geldes und hatten keinerlei Verständnis für die Traditionen. Die Folge war eine erschreckend hohe Zahl an verpfuschten Beschneidungen – Hunderte Initiierte starben, andere wurden so schlimm entstellt, dass sie sich das Leben nahmen.

Selbst wenn sämtliche Vorsichtsmaßnahmen getroffen werden, kann die Sache schiefgehen, und dann sind die jungen Männer irgendwo weit draußen, abgeschnitten von jeder medizinischen Versorgung. In Mbusos Gruppe litt einer der Beschnittenen Tage nach der Beschneidung plötzlich unter Atemnot, und da ich ein Auto hatte, bat man mich, den Jungen so schnell wie möglich ins Krankenhaus zu bringen. Obwohl ich die Strecke mit Höchstgeschwindigkeit fuhr, kam ich zu spät. Als ich endlich in der Notaufnahme ankam, war er auf dem Rücksitz meines Wagens gestorben.

Der Vorfall erschütterte mich zutiefst. Ich empfand großes Mitleid mit seiner Familie, und mir wurde bewusst, dass mich mein Großvater nicht bestrafen wollte, als er mich damals nicht gehen ließ. Es war zu meiner eigenen Sicherheit. Man darf sich diesem Ritual nicht leichtsinnig oder unbedarft unterziehen. Oberstes Gebot ist: Der *Abakwetha* (»Teilnehmer«) muss auf das, was er durchmachen wird, vorbereitet sein und von Fürsprechern begleitet werden, die ihm während des Rituals beistehen. Es dauert einen ganzen Monat, und die Teilnehmer sind extremen körperlichen und psychischen Belastungen ausgesetzt.

Ende November schrieb ich mein letztes Examen, und danach fuhren mich mein Dad und Mandla zum Geburtsort meines Großvaters außerhalb von Mvezo, dreißig Kilometer entfernt von unserem Haus in Qunu. Jeder *Abakwetha* braucht einen älteren Mann, der sich mit den Einzelheiten der Tradition auskennt und ihm das Ritual Schritt für Schritt erklärt. Mich begleitete Zuko Dani, ein Cousin meines Großvaters.

Madiba hatte mir die Decke für die Zeremonie, zwei Flaschen Brandy und Geld für den *ingcibi* gegeben, der für das Beschneiden zuständig ist. Zuvor hatte ich einen Arzt aufgesucht, der meine inneren Organe untersuchte und mir bescheinigte, dass mein Gesundheitszustand gut war und ich auf den Berg gehen konnte.

Natürlich stiegen wir nicht wirklich auf einen Berg, das ist nur eine Redensart. Stattdessen versammelte sich die Gruppe von ungefähr zwanzig Teilnehmern in einem abgelegenen Dorf am Fuß eines Berghangs. Ich war froh, zwei Cousins dabeizuhaben, so konnten wir ein wenig aufeinander achtgeben.

Da sind wir nun also. Der Morgen graut. Es geht los.

»Zieht eure Kleider aus.«

Okay. Wir tun es. Wir häuten uns wie Schlangen und nehmen eine elementare, rohe Gestalt an. Ich sitze auf einem Stein, während uns der heilige Mann, der uns durch das Ritual begleitet, erklärt, was nun passieren wird und was man von uns erwartet. Er weist uns an, in den Kral zu gehen. Normalerweise sind dort über Nacht die Tiere untergebracht. Barfuß gehe ich über den sauberen Boden und setze mich vor eine der Stallboxen. Ich zwinge mich, absolut still zu sitzen, während ich höre, wie der *ingcibi* mit seinem Assistenten die Reihe entlanggeht. Der Assistent trägt den *assegai*, den scharfen Speer, den der *ingcibi* gleich benutzen wird. Da für jeden Teilnehmer eine neue Klinge benutzt wird, hat er mehrere Speere.

Mein Herz hämmert gegen meine Brust. Ich zwinge mich, langsam zu atmen, regelmäßig, und spreize die Beine in einem Neunziggradwinkel, so wie der Alte Mann es mir gesagt hat.

Der *ingcibi* bringt sich in Stellung. Ich wende das Gesicht gen Osten und spüre den brennenden Schnitt der Klinge. Ein grässlicher Schauder fährt mir den Rücken hinunter, gefolgt von einer Schockwelle aus Schmerz und Adrenalin. Ich wende das Gesicht gen Westen und brülle: »*Ndiyindoda! Ndiyindoda! Ndiyindoda!*«

Der *ingcibi* geht weiter zum Nächsten und lässt mich mit meinen quälenden Schmerzen, auf die ich nicht im Entferntesten vorbereitet war, zurück. Noch nie habe ich einen solchen Schmerz verspürt.

Ich bin ein Mann.

Trotz der intensiven Hitze im Kral zittere ich wie Espenlaub. Die natürliche Körperreaktion auf Schock.

Ich bin ein Mann.

Ich komme mir vor wie ein Seiltänzer, der nicht wagt, nach unten zu sehen.

Ich bin ein Mann.

Jemand legt mir die Decke um die Schultern. Die Dorfbewohner haben für die Beschnittenen eine Hütte mit Kuppeldach gebaut – das *iboma* –, in der wir für den Rest des Rituals untergebracht sein werden. Auf dem Boden rund um die Hütte sind dornige Äste ausgelegt, die nur einen engen Pfad zum einzigen Eingang freilassen. Jemand führt mich hinein, und ich setze mich vorsichtig auf den Boden. Trotz des Zitterns versuche ich, regelmäßig zu atmen, während mir jemand einen Wickel aus Heilkräutern um die Wunde legt und ihn mit einem Streifen Ziegenleder festbindet.

Abgesehen von dem Verband bin ich immer noch nackt. Ich befinde mich in einer Übergangsphase, in der ich weder ein Junge bin noch ein Mann. Ich bin ein Tier. Wir alle sind Tiere. Gott ist ein Tier.

Am ersten Tag wird nicht viel gesprochen. Wir gehen durch den Raum und machen uns miteinander bekannt. Wir nennen unsere Namen und die unserer Klans und erklären, woher wir kommen. Als ich an der Reihe bin, sage ich »Thembekile. Madiba. Soweto.« Ich höre aufmerksam zu und versuche, mir die Namen von allen in der Runde zu merken.

Zusammen mit den anderen Beschnittenen bleibe ich sieben Tage in dem *iboma*. Aus Gründen, die auf der Hand liegen, gibt man uns kein Wasser oder sonst etwas zu trinken. Unsere Nahrung besteht ausschließlich aus einem trockenen Brei aus gekochtem Mais. Wir schlafen nur mit unserer Decke auf dem Boden. Ich kann mich weder ausstrecken noch auf die Seite legen. Ich schlafe auf dem Rücken mit angezogenen Knien. Ich träume merkwürdige Dinge und wache häufig auf, weil mir schon bei der kleinsten Bewegung ein stechender Schmerz in den Unterleib fährt. Auf dem Boden liegend denke ich: *Das ist die Hölle. Mein Vater muss mich hassen, dass er mich diesen Qualen aussetzt. Wie können sie mir das antun? Es ist der helle Wahnsinn.*

Am zweiten Tag kommt jemand, der uns zeigt, wie wir die Wunde mit frischen Kräutern neu verbinden. Der Verband muss mehrmals täglich gewechselt werden, auch wenn es schmerzhaft ist. Und es tut wirklich höllisch weh. Am fünften Tag schmieren wir uns weißen Lehm auf die Gesichter. Wie Geister sitzen wir im *iboma*. Mein Magen schmerzt vor Hunger, und ich habe einen Geschmack im Mund wie von alten Schuhsohlen. Der Durst ist zum Verrücktwerden, und ich bete mir immer wieder dasselbe vor: *Nicht an Wasser denken. Nicht an Wasser denken. Nicht an Beyoncé denken. Nicht an Holyfields ramponiertes Ohr denken.*

Am siebten Tag stelle ich dankbar fest, dass dem Maisbrei *amasi* beigefügt ist. Vor Hunger und Durst bin ich so schwach, dass ich kaum noch die Kraft habe, mir den weißen Lehm ins Gesicht zu schmieren, der meine Haut schützen soll, wenn ich nach draußen gehe. Dabei will ich inzwischen nichts anderes mehr als raus. Dort draußen riecht es nach gebratener Ziege, und ich lechze danach, mir etwas davon zwischen die Zähne zu schieben. Und Wasser. Der erste Schluck kühles Wasser ist wie eine Offenbarung – eine Gnade, Leben, Ermutigung, Gott. Man gestattet uns, ein wenig Gras zu rauchen, was eine unglaubliche Erleichterung bringt.

In den darauffolgenden Wochen schmieren wir uns jeden Tag, bevor wir das *iboma* verlassen, die Gesichter mit weißem Lehm ein. Es tut gut, in den Busch hinauszugehen, frische Luft zu schnappen und mit der Machete Feuerholz zu machen. Wir sammeln auch Blätter für unsere Heilpaste, die wir nach wie vor sorgfältig auftragen müssen, allerdings nicht mehr ganz so oft wie am Anfang. Die Wunden verheilen bemerkenswert schnell. Wir lungern herum und reden über zu Hause, die Schule, Frauen. Irgendwann müssen wir uns »vom Wind peitschen lassen«, was bedeutet, sich nackt dem Wind auszusetzen. Man sitzt einfach da und lässt den Wind ... Okay, das sind jetzt zu viele Details. Es handelt sich um eine Art therapeutische Maßnahme. Belassen wir es dabei.

Man sollte meinen, eine Gruppe von Jungs, die mit Videospielen und Computern groß geworden ist, würde sich langweilen, wenn sie Tag für Tag einfach nur so herumsitzt. Aber das ist nicht der Fall, zumindest was mich betrifft. Im Laufe der Wochen lernen wir Lieder, in denen es um Männlichkeit geht oder um das Leben oder um Frauen. Eines der Lieder handelt davon, wie man einen Liebesbrief schreibt, ein anderes heißt übersetzt so viel wie »Bettgenossinnen« und handelt von Frauen und Mädchen – *diese Frau bringt mich um, ich liebe sie, sie ist so umwerfend* und all so was. Wir lernen auch eine Art Geheimsprache – andere Wörter für Stuhl, Essen, Wasser – und hören Geschichten über unsere Vorfahren. Die Tage vergehen, und der Gestank im *iboma* wird unbeschreiblich. Wir sind zwanzig ungewaschene Tiere in einem Raum.

Nach drei Wochen gehen wir endlich zum Fluss, um uns zu waschen. Wir gehen als Gruppe, in unsere Decken gewickelt, mit Stöcken, Seife und Kalkstein bewaffnet. Nach dem Waschen zerreiben wir den Kalkstein auf den Flusssteinen zu einer zähen, weißen Masse und schmieren uns erneut von Kopf bis Fuß ein, bis die braune Haut, die uns zu Menschen macht, komplett bedeckt ist. So bleiben wir, bis die letzten drei Tag des Rituals anbrechen. Dafür kehren wir – ich und die beiden anderen aus meinem Klan –

in unser Dorf zurück. Am darauffolgenden Abend tanzen wir dort mit unseren Schwestern. Wir sind nackt bis auf die Decke, die wir um die Hüften geschlungen haben, und halten beim Tanzen die Stöcke über unsere Köpfe. Die Schwestern stechen uns hin und wieder mit Nadeln. Den Zweck des Ganzen kann ich nur erahnen. Denkt man eine Weile darüber nach, lässt sich durchaus eine symbolische Bedeutung erkennen, aber während des Tanzens versucht man einfach nur, nicht gepikst zu werden. Wir tanzen, bis wir erschöpft und verschwitzt sind, und wenn die Mädchen genug davon haben, gehen sie.

Am letzten Abend wird ordentlich gefeiert. Es gibt Essen und Brandy, und wir brauen ein traditionelles Bier, das wir in einer Tonschüssel oder einem Blechkrug herumgehen lassen. Die Männer aus dem Dorf, die gehört haben, dass wir zurück sind und einer von uns ein Mandela ist, kommen vorbei, um sich zu vergewissern, dass die Sache auch ordentlich erledigt wurde. Sie wollen die Wunden sehen und ob sie echt sind. Es gibt verschiedene Arten von Schnitten – klein, mittel und riesig –, und alle wollen wissen, was man uns verpasst hat. Es bleibt uns nichts anderes übrig, als es ihnen zu zeigen. Sie sind tief beeindruckt. Einer der Männer ist so begeistert bei der Sache, dass er mir auch seine Beschneidung zeigt.

»Du hast einen sehr guten Schnitt«, sagt er. »Schau dir meinen an. Er ist sieben Jahre alt, und man sieht immer noch, dass er nicht richtig verheilt ist.«

Nun müssen sie uns alle ihren Respekt zollen. Wir haben uns die Privilegien eines Mannes verdient. Plötzlich fühlt man sich tatsächlich als Mann. Wie Ironman! Unbesiegbar. Ein Gott. Der Stolz der Familie. Her mit dem Bierkrug! Das Gefühl gleicht einem Machtrausch, in dem manche Initiierte ihren Eltern gegenüber auch respektlos werden und ihren Familien Probleme machen, wenn sie wieder zu Hause sind. Deshalb ist es wichtig, mit diesem gegenseitigen Schulterklopfen auch wieder aufzuhören. Ältere Stammesbrüder kommen uns besuchen – Patriarchen, Onkel, ältere Brüder und Cousins –, um ihr Wissen mit uns zu teilen und uns die alten Bräuche und Traditionen zu übermitteln. Sie ermahnen uns, dass es von nun an in unserer Verantwortung liegt, die Traditionen fortzuführen, und erinnern uns daran, unsere Mütter und Tanten zu respektieren. Ein echter Mann achtet seine Mamas. Er hilft im Haus und leistet seinen Beitrag zum Glück der Familie. Ein echter Mann macht sich nützlich, sowohl zu Hause als auch in der Gemeinschaft. Er hat Macht und setzt diese zur Bereicherung seiner Umgebung ein.

»Du bist jetzt ein Mann«, sagt auch Madiba. Er sitzt total entspannt in seinem Sessel, glücklich, hier zu sein. »Du musst dir im Klaren sein, dass es als einer der Männer im Haus nun deine Aufgabe ist, dich um dein Zuhause zu kümmern und für die Frauen und Kinder zu sorgen. Mach uns stolz. Wir sind aus dem Königshaus der Thembu. Wir sind das vierte Haus. Uns fällt die Rolle des Vermittlers zu.« Er redet lange mit mir darüber, dass ich Kontakt zu meinen Vorfahren aufnehmen, mich mit meinen Wurzeln auseinandersetzen, meine Herkunft respektieren und akzeptieren solle, wer ich bin. Er erzählt mir Geschichten von seinem eigenen Gang auf den Berg, und wir tauschen uns über unsere Erfahrungen aus.

»Damals«, erzählt der Alte Mann, »war es Teil des Rituals, bevor man auf den Berg ging, ein Schwein zu stehlen, das man schlachtete und komplett aufaß. Das Schwein gehörte zwar einem Mitglied der Gemeinschaft, aber wir taten, was man uns sagte. Ich lockte das Tier mit dem Bodensatz einer Bierflasche aus seinem Kral, und als es rauskam, stürzten wir uns alle auf das Schwein.

Dann gruben wir ein Loch in der Nähe des *iboma* und grillten es. Nachdem wir das Schwein vertilgt hatten, waren wir bereit, eine Woche zu hungern.«

Der letzte Teil des *Ukuluka* ist das »Überqueren des Flusses«. Man geht ins Wasser und schrubbt sich das weiße Zeug vom Körper, sodass man sauber und vollständig bekleidet zu seiner Familie zurückkehren kann, um von nun an als Mann unter ihnen zu leben. Für unsere Familie war das ein bedeutender Moment, der mit einer großen Feier begangen wurde. Sie dauerte das ganze Wochenende. Alle waren da – Eltern, Großeltern, Tanten und Onkels – und bedachten mich und meine Cousins mit ermutigenden und weisen Worten.

Als wir uns an der großen Tafel zum Essen niederließen, fragte mein Großvater: »Geht es dir gut, Ndaba? Bist du gesund?« Ich war überrascht, ihn isiXhosa sprechen zu hören. Er sprach sonst fast nie isiXhosa mit mir, immer nur Englisch. Dass er es jetzt tat, war ein Zeichen, dass er mich als Mann anerkannte.

»Ja, Granddad. Mir geht es gut.«

»Gut. Gut. Du bist jetzt ein Mann, Ndaba. Das hast du gut gemacht.«

»Danke, Granddad.«

»Was sagst du zu den Rindern, Ndaba?«, wollte er wissen. »Weißt du, wie viele es sind? Du bist jetzt erwachsen. Du musst, was die Geschäfte der Farm angeht, auf dem Laufenden sein.«

»Ich kümmere mich darum, Granddad. Auf jeden Fall.«

Ich fühlte mich älter, klüger und vielleicht sogar ein wenig größer. Wir tanzten, tranken, tanzten wieder, aßen, tranken noch mehr und fingen wieder an zu tanzen.

Am nächsten Morgen bat mich der Alte Mann, ihm seine Zeitungen zu holen. Wieder war ich überrascht. Das war neu. Normalerweise brachte ihm einer der Sicherheitsbeamten die Zeitungen, und irgendwann gab er mir dann ein Zeichen, dass ich mich zu ihm setzen sollte.

Von nun an lasen wir die Zeitungen gemeinsam. Ich brachte sie ihm, und wir studierten sie von Anfang bis Ende und tauschten uns über die aktuellen Ereignisse und Themen aus. Anstatt mir vorverdaute Brocken hinzuwerfen, wie eine Vogelmutter ihren Jungen, sollte ich mir jetzt mein eigenes Bild machen. Anschließend fragte er mich nach meiner Meinung. Er erwartete kritisches Denken von mir, und reflektierter Widerspruch war ihm lieber als auswendig gelernte Sprüche oder ein unterwürfiges Kopfnicken.

Wenn ich heute auf diese Zeit zurückblicke, sehe ich sie als einen entscheidenden Wendepunkt in unserer Beziehung. Von klein auf wusste ich, dass ich mich auf ihn verlassen konnte. Und das war der Moment, von dem an er wusste, dass er sich auch auf mich verlassen konnte.

Es ist sehr schwer, die genaue Bedeutung der vielen Traditionen, die in den Wochen des Initiationsrituals vermittelt werden, umfassend zu beschreiben – und an dieser Stelle wohl auch unangebracht. Im Wesentlichen geht es darum, eine Verbindung zwischen der eigenen Spiritualität und Herkunft herzustellen. Wer bin ich? Welche Familie repräsentiere ich? Aus welchem Dorf komme ich? Man verpflichtet sich, am Kodex des Stammes festzuhalten und die damit verbundenen Schmerzen mannhaft zu ertragen. Man beginnt, die eigene kulturelle Identität zu begreifen, und gewinnt dadurch an Stärke und Selbstbewusstsein. Und man bekommt einen neuen Namen.

Pierre Teilhard de Chardin, der französische Paläontologe und Jesuitenpriester, sagte einmal: »Wir sind keine Menschen, die eine spirituelle Erfahrung machen, sondern wir sind spirituelle Wesen, die erfahren, Mensch zu sein.« Als ich den Fluss überquerte, konnte ich spüren, wie beides ineinander überging. Ich war Tier,

Geist und ganz ich selbst. Ich war fest verbunden mit meinen Ahnen, die durch mich Verbindung zur Zukunft hatten.

Mein Geburtsname war Thembekile (»Der, dem man vertrauen kann«).

Mein Initiationsname ist Zwelijika (»Die Welt verändert sich«).

KAPITEL 10

Indlu enkulu iimfuno umhlaza oqinileyo.

»Ein bedeutendes Haus braucht einen guten Besen.«

Eine der seltsamsten Geschichten, die ich in meiner Kindheit gehört habe, ist *Die Geschichte von Nongqawuses Prophezeiung*. Eines Tages kommt ein junges Mädchen vom Fluss zurück und sagt zu den Bewohnern ihres Dorfes: »Ich habe zwei unserer Ahnen getroffen, und sie haben mir gesagt, dass alle Toten auferstehen werden.« Die Leute waren begeistert. Sie würden ihre geliebten Angehörigen wiedersehen, das war natürlich toll. Damit der große Tag kommen könne, berichtet das Mädchen weiter, müssten die Leute alle ihre Rinder schlachten, ihr Getreide vernichten und ihre Dörfer zerstören und neu aufbauen. Egal, was: weg damit.

Da sagten dann schon ziemlich viele: »Du willst uns wohl verarschen, Kleine!« Aber viele Leute glaubten ihr und setzten die anderen unter Druck, damit sie mitmachten. Sogar der König und ein Großteil der Häuptlinge ließen sich von der Behauptung einlullen, die Toten des Xhosa-Volkes würden aus dem Ozean aufsteigen und neue Rinder, Schafe und Hühner mitbringen. Der Knackpunkt war: Sie würden auch die weißen Invasoren rauswerfen.

Die Leute glaubten an ein goldenes Zeitalter ohne Kummer und Krankheit. Sie schlachteten ihre Rinder, und als der große Tag kam und ging, ohne dass sich eine Armee von Ahnen aus dem Ozean erhoben hätte, sagten sie nicht etwa: »Hm. War vielleicht doch keine gute Idee«, sondern sie beschuldigten die Ungläubigen, die sich geweigert hatten, ihre Rinder zu schlachten. Wie man sich denken kann, wurden viele dieser Ungläubigen und ihre Rinder unverzüglich niedergemetzelt und ihre Häuser geplündert. Es folgte eine Hungersnot. Elend und Verzweiflung fegten über das Kap hinweg. Ungefähr vierzigtausend Xhosa starben.

Das Seltsamste an dieser Geschichte ist, dass sie wirklich passiert ist. Man muss nur *Nongqawuse* googeln, und schon sieht man das unheimliche Foto des seltsamen Mädchens, das die Xhosa im Jahr 1856 in eine selbst gemachte Hölle führte. Noch immer ranken sich zahlreiche Fragen um diese Katastrophe, und die drängendste ist *Warum?*. Aber das ist wohl immer die drängendste Frage.

Aus dem Blickwinkel der politischen Geschichte lassen sich solche Vorfälle durch die Jahrhunderte hindurch auf der ganzen Welt entdecken. Es gibt gewisse Gemeinsamkeiten: Eine gesellschaftlich weitverbreitete und zweckmäßige Blindheit tarnt sich als religiöser Eifer. Hass, der auf einem gewissen Niveau schon vorher existiert hat, wird instrumentalisiert. Und dann kommen noch ganz handfeste Motive hinzu: Irgendjemand steht schon bereit, um die Situation auszunutzen und sich Macht oder Geld unter den Nagel zu reißen – oder beides. Im Fall der Viehtötungen reagierte die Kolonialregierung auf die riesige Hungerkatastrophe mit einem »Rekrutierungsprogramm«, das den hungernden Menschen anbot, sich selbst in die Sklaverei zu verkaufen. Im Fall der Hexenprozesse von Salem in Nordamerika wurde das Land der Frauen, die man gefoltert und hingerichtet hatte, von Nachbarn beschlagnahmt. An der Aids-Pandemie haben Machtkämpfe, der pharmazeutische Markenschutz, Religionen, Rassismus, Homophobie, Unwissenheit und böswillige Gleichgültigkeit ihren Anteil. Wenn Sie ein anspruchsvolles, aber sehr fesselndes Buch darüber lesen möchten, wie alles begann, empfehle ich Ihnen *Und das Leben geht weiter* von Randy Shilts. Der englische Titel *And the Band Played On* spielt auf das Orchester der *Titanic* an, das weiter Musik machte, während das Schiff sank und ein Großteil der Passagiere ertrank.

Ich kann die Menschen nicht verurteilen, die sich schon so lange weigern, der bitteren Wahrheit über Aids in Südafrika und dem Rest der Welt ins Gesicht zu sehen. Während meine Mutter im Sterben lag, konnte ich die Tatsache, dass sie HIV-positiv war, einfach nicht zulassen – so lange, bis mir jemand die ungeschminkte Wahrheit direkt ins Gesicht sagte. Trotz dieser Erfahrung war ich später nicht bereit, eins und eins zusammenzuzählen, als mein Dad krank wurde. Ich wusste, dass er mehrmals im Krankenhaus gewesen war – ich hatte ihn einige Male selbst dorthin gefahren –, aber ich hörte nicht auf, mir zu sagen: »Manchmal wird man halt krank. Es ist nichts Schlimmes.« Wenn er aus dem Krankenhaus entlassen wurde, ging er wieder zur Arbeit. Und ich war viel an der Uni und konzentrierte mich auf mein Studium.

Ein Jahr nachdem ich auf dem Berg gewesen war, zog ich in eine Wohnung in der Nähe der Universität von Pretoria. Die Wochenenden verbrachte ich zu Hause bei meinem Großvater, und auch unter der Woche kam ich, so oft ich konnte, zum Mittag- oder Abendessen vorbei. Manchmal guckte ich auch nur kurz bei ihm rein und rief: »Hey, Granddad, wie geht's dir?« Zum ersten Mal brachte ich zum Essen auch ein Mädchen mit, jetzt war es mir ja erlaubt. Als wir uns gerade gemeinsam an den Tisch gesetzt hatten, sagte der Alte Mann: »Also, junge Dame, haben Sie meinem Enkel einen Heiratsantrag gemacht?« Später erfuhr ich, dass er diesen Spruch nicht zum ersten Mal machte. Ich denke, er fand es lustig, ihre Gesichter zu sehen.

Ich mochte diesen lockereren Ton zwischen mir und meinem Großvater, aber langsam merkte ich, dass er älter wurde. Seinen starren Tagesablauf behielt er bei: früh aufstehen, spazieren gehen, Gymnastik. Frühstück. Zeitungen. Aber statt dann in sein Büro zu gehen, ruhte er sich im Wohnzimmer aus und machte nicht selten ein Schläfchen. Er mochte es, wenn zum Mittagessen Besuch kam. Meist schaltete er danach den Fernsehsender *National Geographic* ein, oder er schaute Sport, bis es Zeit für den Nachmittagstee war, zu dem ebenfalls oft Besuch kam. Wenn er irgendwo einen öffentlichen Auftritt hatte, unternahm er manchmal eine Reise, doch das schien ihn nun in einem Ausmaß zu strapazieren, auf das ich nicht vorbereitet war. Ehrlich gesagt machte ich mir mehr Sorgen um ihn als um meinen Dad. Von Zeit zu Zeit trafen sich die beiden, und der Alte Mann hat mir gegenüber mit Sicherheit nie geäußert, dass er sich Sorgen um meinen Vater machte. Woran ich mich allerdings erinnere, ist, dass wir eines Tages zusammen am Tisch saßen und er mir erzählte, wie sein eigener Vater gestorben war.

»Ich war neun Jahre alt«, sagte er. »Mein Vater verbrachte mit jeder seiner Frauen eine Woche – vier Frauen, vier Wochen. Er war also einmal im Monat bei uns. Doch an diesem bestimmten Tag kam er unangekündigt in die Hütte meiner Mutter. Beim Nachhausekommen fand ich ihn in einem fürchterlichen Zustand vor, er hustete und hustete. Er blieb mehrere Tage bei uns. Seine jüngere Frau kam, um meiner Mutter zu helfen, ihn zu pflegen. Eines Abends rief er nach seiner Pfeife, und meine Mutter wollte sie ihm nicht geben. Sie sagte: ›Nein. Er hat eindeutig etwas mit der Lunge. Er darf nicht rauchen.‹ Ich bin sicher, dass sie recht hatte, aber mein Vater ging nicht zum Arzt. Mit so etwas konnte er nichts anfangen. Er wollte seine Pfeife. Er war unglaublich hartnäckig, hörte nicht auf zu schreien: ›Bringt mir meine Pfeife!‹ Niemand im Haus konnte schlafen, denn er wurde immer wütender. Schließlich stopfte ihm seine junge Frau die Pfeife mit Tabak und brachte sie ihm. Rauchen beruhigte ihn. Er rauchte eine Weile, und dann starb er, mit der brennenden Pfeife in der Hand. Ich konnte den Tabakrauch in der Luft riechen.«

Ich hörte mir die Geschichte bis zu Ende an, obwohl ich nicht ganz verstand, warum er das Bedürfnis hatte, sie mir ausgerechnet jetzt zu erzählen. Ich dachte nicht weiter darüber nach. Der Alte Mann war voller Geschichten.

»Als mein Vater starb«, sagte er, »war ich auf eine so tiefe Traurigkeit nicht vorbereitet.«

»Aber wie auch, Granddad? Du warst ja noch ein kleiner Junge.«

»Selbst als ich ein Mann wurde, hörte ich nicht auf, in meinem Inneren nach ihm zu suchen.«

Ich schaute auf die Uhr. »Granddad, ich muss zurück zur Uni.«

»Ja. Gut. Sehr gut.« Er stand auf, um mich zur Tür zu bringen. »Ich bin sehr stolz auf dich, Ndaba. Und dein Vater ist auch sehr stolz auf dich.«

Ich war schon halb aus der Tür, auf dem Weg zu meinem Auto, als ich über die Schulter »Auf Wiedersehen« rief. Ich hatte zu tun, musste mich mit Leuten treffen, Abschlussarbeiten schreiben, meine Ferien genießen. Ich lebte das geschäftige Leben eines Studenten, der endlich wusste, worauf er hinauswollte, und der nur so durch sein Leben raste, volle Kraft voraus.

Im Laufe des Jahres bemerkte ich, dass mein Vater Gewicht verloren hatte. Er wurde grauenhaft dünn, und noch immer redete ich mir ein, es sei irgendetwas Normales. Und noch immer sagte er zu mir: »Ach, mir geht's bestens. Mach dir keine Sorgen, alles wird gut.«

Im Dezember 2004 kam mein Dad ins Krankenhaus, und es war offensichtlich, dass gar nichts gut wurde. Mandla konnte es irgendwann nicht mehr ertragen, wie sehr ich mich weigerte, der Wahrheit ins Gesicht zu sehen.

»Unser Vater hat Aids«, sagte er unverblümt. »Er hat deine Mom angesteckt. Was meinst du denn, woher sie es hatte?«

Ich konnte nicht glauben, dass ich hier stand, in demselben Krankenhausflur, und den gleichen Schlag ins Gesicht bekam, den mir zwei Jahre zuvor die Ärztin meiner Mutter verpasst hatte. Und ich fühlte mich keinen Deut besser darauf vorbereitet als damals. Ich war am Boden zerstört. Wieder einmal. Ich war wütend auf alle, die mir die Wahrheit verheimlicht hatten, und ich war wütend auf mich selbst, weil ich nicht allein darauf gekommen war. Natürlich hätte ich die Gemeinsamkeiten erkennen können. Aber ich wollte es einfach nicht wahrhaben. Vor dem, was passierte, die Augen zu verschließen war eine Entscheidung, denn ich *wollte* nicht, dass er starb. Ich war nicht bereit, schon wieder verlassen zu werden.

Davon abgesehen war ich weder bereit noch willens, mit einer weiteren Lüge zu leben, und ich wusste, dass die Public-Relations-Leute schon bereitstanden, um uns mit sorgfältig gewählten Worten zu versorgen: der Bitte um die Wahrung unserer Privatsphäre in Zeiten der Trauer. Mit so etwas sollten die hässlichen Gerüchte vom Tisch gewischt werden. Zur Hölle mit denen! Mir ging es um Mbuso und Andile. Sie waren damals zwölf und neun Jahre alt.

Als mein Vater im Sterben lag, machte ich die niederschmetternde Entdeckung, dass Tante Maki schon seit geraumer Zeit wusste, dass er HIV-positiv war und dass sie sich entschieden hatte, dem Rest der Familie nichts davon zu erzählen. Wieder packte mich eine unglaubliche Wut, genau wie damals, als ich herausfand, dass meine Mutter mir die Wahrheit verheimlicht hatte.

Ich beharrte darauf: »Wir müssen es Mbuso und Andile sagen. Alles andere wäre nicht okay.«

»Nein«, sagte Tante Maki. »Sie brauchen es nicht zu wissen.«

»Tante, es wird auf der ganzen Welt im Fernsehen kommen. Selbst wenn du irgendwie verhindern kannst, dass die beiden es sehen, die Kinder in der Schule – Kinder sind wie Tiere. Sie können nichts dafür. Sie werden ganz unbefangen das wiederholen, was sie zu Hause gehört haben.«

»Sie sind noch klein. Sie verstehen das nicht.«

»Und genau das ist der Grund dafür, dass sich jemand, der sie lieb hat, mit ihnen hinsetzen und es ihnen erklären sollte. Du kannst sagen, dass es eine Lungenentzündung war – denk dir irgendeine Geschichte aus und mach sie wasserdicht. Die Leute werden trotzdem spekulieren. Sie sind doch nicht blöd. Und wenn man nicht aufhört, es abzustreiten, wird dadurch nur das Stigma verfestigt, an dem er gerade stirbt.«

»Schieb das nicht mir in die Schuhe! Ich tue das Richtige für die Familie. Findest du nicht, dass diese Familie genug gegeben hat? Dass wir genug gelitten haben? Sind wir denn für die ganze Welt verantwortlich?«

So ging es hin und her. Wir waren von der Trauer völlig ausgelaugt und drehten uns im Kreis. Es war eine grauenvolle Zeit für uns alle. Die Lage schien hoffnungslos. Ich war dabei, meinen Vater zu verlieren, Madiba seinen Sohn, Tante Maki ihren Bruder. Jeder von uns hatte mit seinen eigenen Gefühlen zu kämpfen, und es fiel uns schwer, aufeinander zuzugehen. Im Grunde war die ganze Diskussion darüber, wer was wann sagen oder nicht sagen würde, auch völlig irrelevant. Wir sind sehr patriarchale Leute. Mein Großvater würde uns mitteilen, was wir sagen oder nicht sagen würden. Er hatte die Spenden- und Aufklärungskampagnen zum Thema HIV und Aids immer offen unterstützt, aber es kam mir so vor, als gelte das alles nur, solange es andere Familien betraf, nicht die Mandelas. So viel hatte ich verstanden, als meine Mutter starb. Und nichts anderes erwartete ich jetzt.

Obwohl ich mit dem Alten Mann nicht immer einer Meinung war, vertraute ich darauf, dass er für unsere Familie die beste Entscheidung treffen würde. Zum zweiten Mal in seinem Leben ging er durch die Hölle, einen Sohn zu verlieren, und ich war bereit, ihm zur Seite zu stehen.

Meinen zweiundzwanzigsten Geburtstag Ende Dezember verbrachte ich am Krankenbett meines Vaters. Ich versuchte, zu lächeln und mit ihm zu plaudern, während er hustete und krächzte. Er war müde, kämpfte aber energisch gegen sein Schlafbedürfnis an. Ich versuchte, auf keinen Fall daran zu denken, wie ich mit meiner Mutter schon einmal das Gleiche durchgemacht hatte.

Die Xhosa glauben, dass die Seele eines Menschen, wenn er stirbt, noch eine Weile zögert und im Raum verweilt. Manchmal lag mein Vater so still und atmete so flach, dass ich nicht sagen konnte, ob die Seele noch innerhalb oder schon außerhalb seiner dünnen Haut war. In diesem letzten Monat verbrachte der Alte Mann viele Tage bei meinem Dad im Krankenhaus. Manchmal hörte ich die beiden leise sprechen, sogar lachen, aber die meiste Zeit saßen sie wohl einfach still beieinander.

Mein Vater, Makgatho Lewanika Mandela, starb am 6. Januar 2005. Er hatte zu den über fünf Millionen Südafrikanern gehört, die damals HIV-positiv waren. Zwei Millionen Südafrikaner sind bisher daran gestorben.

Wir verließen das Krankenhaus, und es war, als würde mein Großvater auf dem Weg zum Auto um vierzig Jahre altern. Er stützte sich schwer auf seinen Stock, seine Schultern hingen herab, sein

Gang war wackelig. Die Reporter und Paparazzi schossen auf uns zu, um ihn mit Fragen zu bombardieren, während wir versuchten, ihm ins Auto zu helfen. Für einen Augenblick drehte sich der Alte Mann zu ihnen um. Er hatte Tränen in den Augen. Seine Stimme zitterte. Er sagte:»Mein Sohn war Anwalt von Beruf, und er ist vom Obersten Richter dieser Provinz gerade als Staatsanwalt zugelassen worden, was eine große Ehre ist. Darüber hinaus habe ich nichts zu sagen.«

An diesem Nachmittag versammelte sich die ganze Familie in Granddads Haus in Houghton. Er hatte für den Abend eine Pressekonferenz einberufen und wollte uns dabeihaben. Wir waren alle sehr aufgewühlt. Jeder von uns hatte eine andere Vorstellung davon, was gesagt werden sollte. Ich musste nicht einmal aufblicken, um zu wissen, wer was sagte. Das alles hatte ich oft genug gehört.

»Es geht niemanden etwas an – das ist unsere private Familienangelegenheit. Wurde jemals ein weißer Präsident über seine privaten Familienangelegenheiten ausgefragt? Nein! Ihnen wurde Respekt entgegengebracht.«

»Man stirbt nicht an HIV. Man wird nur schwach davon. HIV tötet das Immunsystem.«

»Genau. Man stirbt an einer Lungenentzündung. Oder an Tbc. Wir könnten Tbc sagen.«

»Nein!«, bellte der Alte Mann, und im Raum wurde es schlagartig still. »Das werden wir nicht sagen. Wir werden sagen, dass er an Aids gestorben ist. Lasst uns aufhören, um den heißen Brei herumzureden. Wir müssen das Stigma bekämpfen, anstatt es zu verfestigen. Wir sollten HIV und Aids bekannt machen, anstatt sie zu verstecken. Denn nur, wenn wir darüber sprechen, wird deutlich, dass diese Krankheit eine normale Krankheit ist, eine Krankheit wie Tbc oder Krebs. Jemand ist an Aids gestorben. Wenn wir uns weigern, es auszusprechen, hören die Leute nie auf, es als etwas Unnormales zu betrachten.«

Die Reporter hatten sich bereits im Garten hinter dem Haus versammelt, suchten nach den besten Aufnahmepositionen und quetschten ihre Mikrofone auf den Couchtisch, den jemand vor zwei Stühle neben die blühende Hecke gestellt hatte. Bienen summten um die blassrosa Blüten herum, Madiba wedelte sich eine von ihnen ungeduldig aus dem Gesicht, als Graça ihn zu seinem Stuhl geleitete und neben ihm Platz nahm. Meine Brüder und ich standen hinter Madiba. Der Rest der Familie hatte sich um uns herum gruppiert, vereint, würdevoll, Augen geradeaus, die Gesichter angespannt.

Das Klicken der Kameras und das Summen der Bienen vibrierten in meinem Kopf. Dies hier war der letzte Ort, an dem ich in diesem Augenblick sein wollte. Ich war nervös. Froh, meine Familie um mich zu haben. Dankbar, dass wir das Richtige taten. Ich würde über meinen Vater sprechen können, ohne mich wie ein Feigling zu fühlen.

Das Gesicht meines Großvaters war von Trauer gezeichnet, aber er zeigte kaum Gefühle. Seine Worte klangen so entschieden und wohlüberlegt wie immer. Er begann mit einer Anmerkung über die *46664*-Kampagne und die Arbeit der *Nelson Mandela Foundation*. Dann sagte er: »Als ich diese Kampagne vor drei Jahren in Gang setzte, wusste ich noch nicht, dass auch ein Mitglied meiner eigenen Familie betroffen sein würde. Ich stellte das Prinzip auf, dass wir niemals verschweigen dürfen, woran unsere Verwandten gestorben sind. Denn das ist die einzige Möglichkeit, den Menschen klarzumachen, dass HIV eine ganz normale Krankheit ist. Und das ist der Grund, warum wir Sie heute hierhergebeten haben. Um bekannt zu geben, dass mein Sohn an Aids gestorben ist. Es wirft in der Tat ein schlechtes Licht auf eine Familie, wenn sie nicht an die Öffentlichkeit geht und mutig sagt: ›Jemand aus meiner Familie ist an Aids gestorben.‹ Und so möchten wir die Gelegenheit ergreifen und mitteilen, dass jemand aus unserer Familie gestorben ist. In diesem speziellen Fall … mein Sohn.«

Nur wenige Minuten später brach in den Fernsehnachrichten und im Internet ein regelrechter Sturm los. Nelson Mandelas Sohn war an Aids gestorben. Es war unmöglich, die Zeitung aufzuschlagen oder den Fernseher einzuschalten, ohne damit konfrontiert zu werden, wie heftig unser Land und die ganze Welt von dieser Krankheit heimgesucht wurden.

Madiba war stolz auf seinen Sohn, den Anwalt Makgatho Lewanika Mandela. Er schämte sich nicht im Geringsten, und er war nicht länger bereit, sich zum Komplizen der Scham anderer Leute zu machen. Das hat die Dinge wirklich verändert. Wenn Sie dieses Buch lesen, hat sich die Welt verändert – vielleicht nicht genug, mit Sicherheit nicht schnell genug –, aber irgendein Hebel wurde an diesem Tag umgelegt. Es war ein prägender Moment. Wir waren die erste prominente Familie Südafrikas, die offen zugab, dass einer von ihnen an Aids gestorben war. Es lässt sich gar nicht hoch genug einschätzen, was das für die Millionen von Menschen bedeutete, die Angst davor hatten, sich Hilfe zu suchen oder auch nur zu erzählen, dass sie HIV-positiv waren – und für die vielen Millionen, die diese Menschen liebten.

Wir brachten meinen Vater nach Qunu und begruben ihn so, wie es die die Rituale und Traditionen unseres Volkes vorsahen. Während der Beerdigung saß ich starr vor Schmerz zwischen Graça und Tante Maki. Immer und immer wieder sagte ich mir: *Ich halte stand, ich halte stand, ich halte stand.*

Im Jahr 1974 schrieb auf Robben Island der Gefangene Nummer 46664 an seinen Sohn: »Es ist nicht einfach, an einen Menschen zu schreiben, der so gut wie nie antwortet.« Sosehr es mich schmerzt, es zu sagen: Die meiste Zeit meines Lebens wusste ich ganz genau, wie sich der Gefangene gefühlt haben muss. Unverbunden. Ausgeschlossen. Ich habe meinen Vater geliebt, und ich weiß, dass er mich geliebt hat, und – seltsam genug – ich fühle mich ihm heute näher als in meiner Kindheit. Vielleicht liegt das daran, dass ich jetzt in dem Alter bin, in dem er war, als sich meine ersten Erinnerungen an ihn formten. Damals in Cofimvaba waren wir eine vergleichsweise glückliche kleine Familie, und er führte das Lebensmittelgeschäft meiner Großmutter. Er ist ein guter Mann gewesen. Er hat wie ein Verrückter gearbeitet und war sehr bescheiden. In meinem Leben ist er nicht immer präsent gewesen – jedenfalls nicht so, wie ich es mir gewünscht hätte –, aber er öffnete die Tür für andere Vaterfiguren, die mein Leben und meine Ideale geformt haben. Zuallererst für meinen Großvater, dann für Kwekus Vater, meinen Onkel Kwame, für Walter Sisulu und viele andere. Mein Vater war stolz auf mich. Auch, wenn ich mein wahres Selbst zu dieser Zeit noch nicht ganz gefunden hatte, ich war auf der richtigen Spur. Ich glaube, als er starb, wusste er, dass ich klarkommen würde, und ich hoffe, das erleichterte seiner zögernden Seele den Weg.

Der Tod meines Vaters befeuerte den Wunsch meines Großvaters, HIV und Aids zum letzten großen Kampf seines Lebens zu machen. Deshalb stelle ich mir manchmal vor, dass die Menschenleben, die seitdem gerettet wurden, und das Leid, das in Zukunft gelindert werden wird, auf irgendeine Weise meinem Vater zu verdanken sind. Während seiner Präsidentschaft war das Engagement in Sachen HIV und Aids meinem Großvater sehr wichtig, weil er es einfach nicht ertrug, Menschen leiden zu sehen – besonders, wenn es um die Kinder ging. Aber die Anstrengungen des Staates während dieser Jahre waren vor allem darauf gerichtet, aus einer

Kolonialregierung eine Demokratie zu machen und aus den getrennten Bevölkerungsgruppen eine Nation. Nun aber hatte Madiba die Freiheit, selbst zu wählen, womit er seine Zeit verbringen und welcher Sache er seine letzte Energie widmen wollte.

In der Woche nach der Beerdigung in Qunu berief der Alte Mann eine weitere Pressekonferenz ein. Seine große Traurigkeit hatte sich tief in die Falten um seine Augen gegraben, trotzdem machte er den Versuch, mit der versammelten Presse zu scherzen.

»Ich habe heute Morgen weniger eine Ankündigung für Sie, als vielmehr eine Bitte. In ein paar Wochen werde ich sechsundachtzig Jahre alt, und nicht vielen Menschen ist ein so langes Leben vergönnt ... Ich bin sicher, dass niemand von Ihnen mich des Egoismus beschuldigen wird, wenn ich darum bitte, die Zeit, die ich noch bei guter Gesundheit bin, mit meiner Familie, meinen Freunden und auch mit mir selbst verbringen zu dürfen.«

Die Journalisten lachten etwas unsicher, weil sie nicht recht wussten, wohin dieser Gedankengang führen würde.

»Als ich einem meiner Berater vor ein paar Monaten sagte, dass ich gern in Pension gehen würde, knurrte er: ›Sie sind doch längst pensioniert!‹ Wenn das der Fall ist, dann möchte ich also ankündigen, dass ich ab heute aus der Pension pensioniert bin.«

KAPITEL 11

Akuko ranincwa lingagqimiyo
kowalo unxuma.

»In der eigenen Höhle
brüllt jedes Tier selbst.«

Nicht sehr lange nach seinem Amtsende kamen Richard Branson
und Peter Gabriel auf Madiba und Graça zu und schlugen vor, eine
kleine Gruppe von angesehenen älteren Menschen zu gründen, die
ihre Lebensweisheiten und ihre Erfahrungen zur Lösung von Konflikten und Problemen wie Klimawandel und der weltweiten Aids-
Pandemie einbringen könnten. Sie brauchten ein paar Jahre, um
den Alten Mann zu überzeugen. Anfangs hielt er ihnen vor: »Ich
weiß nicht, ob die Welt auf den Einsatz einer Oldtimer-Riege ge-
wartet hat.« Dem hielten sie das überzeugende Argument entgegen, das Vertrauen in Institutionen und Regierungen sinke zwar,
doch einzelne Persönlichkeiten genössen immer noch hohe mo-
ralische Autorität. Was sie sagten, glaubten ihnen die Menschen.
Wenn sie handelten, nahmen die Menschen es ihnen ab, dass es
keine Taktik war, sondern dem Gemeinwohl diente.

Bei der offiziellen Gründung der Gruppe *The Elders* am 18. Juli 2007 in Johannesburg, am neunundachtzigsten Geburtstag meines Großvaters, sagte er: »Wir wollen sie die *Global Elders* nennen, nicht weil sie so alt sind, sondern wegen ihrer individuellen und kollektiven Weisheit. Diese Gruppe leitet ihre Stärke nicht von politischer, wirtschaftlicher oder militärischer Macht ab, sondern von der Unabhängigkeit und Integrität ihrer Mitglieder. Sie müssen keine Karriere mehr machen, keine Wahlen gewinnen, keinen Anhängern nach dem Mund reden. Sie können sprechen, mit wem sie wollen, und sind frei, Wege zu gehen, die sie für richtig erachten, auch wenn sie ausgesprochen unpopulär sind.«

Die Gründungsmitglieder der *Elders* waren Männer und Frauen unterschiedlicher Hautfarbe und Religion, darunter Erzbischof Desmond Tutu, der frühere US-Präsident Jimmy Carter, die frühere irische Staatspräsidentin Mary Robinson sowie Kofi Annan.

»Durch den Einsatz ihrer aller Erfahrung«, sagte Madiba, »ihrer Zivilcourage und ihrer Fähigkeit, sich über die engstirnigen Sorgen von Nation, Hautfarbe und Glaubensrichtung zu erheben, können sie dazu beitragen, unseren Planeten zu einem friedlicheren, gesünderen und gerechteren Ort zu machen.« Er rief die *Elders* und alle Zuhörer dazu auf, »Mut zuzusprechen, wo Angst ist, Einvernehmen zu fördern, wo Konflikte sind, und Hoffnung zu geben, wo Verzweiflung herrscht.«

Ich fand das eine wirklich coole Idee. Ich steckte bis über beide Ohren im Studium, bereitete gerade meinen Abschluss in Internationalen Beziehungen und Politikwissenschaften vor, entwickelte meine eigenen Gedanken zu Menschenrechten und Geschichte und kam zu dem Schluss, dass die Probleme der nächsten Generation ganz andere sein würden als die Herausforderungen, denen sich unsere Eltern und Großeltern stellen mussten.

»Ganz praktisch gesehen: Was ist nötig, um den großen Wandel herbeizuführen, von dem die *Elders* reden?«, fragte ich meinen Großvater. »Sind sie ohne politische Macht nicht beschränkt auf eine Art Beraterrolle, oder können sie tatsächlich etwas bewegen?«

»Diese hochgeschätzten Freunde haben eine lange Geschichte hinter sich, in der sie die Dinge getan haben, die sie sich vorgenommen haben«, gab er zurück. »Ich bin ganz sicher: Wenn Tutu dabei ist, werden sie darauf drängen, dem Geist des *Ubuntu* zu gehorchen.«

Ubuntu ist, wie der Alte Mann sagt, »dieses afrikanische Urwissen, dass wir nur durch die Menschlichkeit anderer Wesen Menschen sind«. Gerne möchte man meinen, das sei die Grundidee alles Politischen – denken wir an die griechische Wurzel des Wortes, *politikos* (»das Gemeinwesen betreffend«). Doch manchmal ist es ein Kampf, beides miteinander zu verbinden, selbst für Nelson Mandela. In den Jahren nach dem Tod meines Vaters verschob sich der Schwerpunkt seiner Arbeit merklich in Richtung sozialer und kultureller Themen. Er interessierte sich sehr dafür, wie die jungen Leute tickten, und unterhielt sich gern ausführlich mit mir und seinen anderen Enkeln. Aber er war nicht mehr so berechenbar wie in meiner Kindheit.

Er achtete immer noch auf das Protokoll, aber ich erinnere mich an ein Bankett während einer Europareise mit Graça und mir, das eine Königsfamilie für ihn ausrichtete. Zu meinem Entsetzen zündeten sich zwei Leute an unserem Tisch Zigaretten an, sobald sie neben meinem Großvater Platz genommen hatten. Sie saßen da und rauchten eine Zigarette nach der anderen, den ganzen Abend über. So etwas hätte den Alten Mann früher auf die Palme gebracht, aber jetzt saß er da und plauderte entspannt mit den beiden.

Äußerst ungern nahm ich die Schlussfolgerung zur Kenntnis, die irgendwo in meinem Hinterkopf pochte: *Er wird wirklich alt.*

In meinem letzten Uni-Jahr versuchte ich, so viel Zeit wie möglich zu Hause zu verbringen. Ich machte mir Sorgen um den Alten Mann, fand, ich müsste ihn beschützen, kritisierte, dass er so viel Energie in so viele Anliegen und Gelegenheiten steckte, für die er auf Reisen sein musste. Wenn möglich, begleitete ich ihn, aber meistens konzentrierte ich mich auf meine Ausbildung – das erwartete er sowieso von mir –, und da war es gut zu wissen, dass Graça für ihn da war. Als ich allmählich mehr von Rinderhandel und von Non-Profit-Organisationen verstand, fing ich an, mir dazu meine eigenen Gedanken zu machen. Und obwohl wir nicht immer einer Meinung waren, wollte er immer wissen, was ich darüber dachte.

Eines Tages redeten wir über jemanden, mit dem er geschäftlich zu tun gehabt hatte, und ich meinte, diesem Mann misstraute ich wie einer Schlange.

»Wie einer Schlange?«, fragte der Alte Mann verwundert über meine Wortwahl. »Aber du weißt doch, wie lange wir schon befreundet sind, und wir haben uns nie gestritten. Es gab keinen einzigen Streit!«

»Dann stimmt da was nicht«, konterte ich. »Zwei Menschen sind sich nie hundert Prozent einig, Granddad. Einer in dieser Beziehung ist nicht aufrichtig, und ich weiß, dass das nicht du bist.«

Er nickte. »Das stimmt. Ein Merkmal, das Sisulu und Kathrada gemeinsam hatten – ein wesentlicher Teil unserer Freundschaft –, war, dass sie nie davor zurückgeschreckt sind, mir zu sagen, wenn ich unrecht hatte. Das ist mir sehr viel wert. Ein wahrer Freund ist der Spiegel, in dem man sich klar und deutlich selbst sieht.«

Im Dezember 2008 schrieb ich meine Abschlussprüfungen. Die Ergebnisse kamen im Januar, und als ich sie dem Alten Mann zeigte, freute er sich. Das war ein schönes Gefühl. Er lächelte breit und hielt mir seine Hand zum Einschlagen hin.

»Du hast deinen Abschluss«, sagte er.

»Die Feier ist im April«, nickte ich. »Kommst du?«

»Natürlich! Unbedingt. Klär das mit den Security-Leuten und organisier alles.«

Als der Tag näher rückte, sprach ich jedes Detail mit der Security ab. Ich holte meine Robe ab. *Passt sie? Ja. Gut. Alles cool.* Wir saßen im Auto. Ich sprang als Erster raus und ging dahin, wo ich sitzen sollte, zusammen mit den anderen Absolventen. Ich hatte Plätze für meinen Großvater, Graça und Mandla reserviert, aber der Alte Mann hatte den Vorschlag abgelehnt, einen ganzen Sitzblock freizuhalten, weil er nicht wollte, dass deswegen andere Angehörige keine Plätze mehr bekämen.

Endlich also saßen alle. Aus Sicherheitsgründen musste Madiba als Letzter kommen, und als er kam, brach lauter Jubel aus. Alle standen auf, klatschten, freuten sich, ihn zu sehen. »Mandela ist da! Madiba! Madiba!« In so einem Moment waren die Leute einfach jedes Mal außer sich.

Es fing an. Ich wartete auf meinen Namen. Ich hatte lange darüber nachgedacht, was ich oben auf der Bühne machen würde. Jeder hatte da sein Ding. Ich hatte mich für ein Zeichen der Black Power entschieden – Symbol für den ANC, die Einheit der Schwarzen. So weit also mein Plan. Dann hörte ich meinen Namen, und mir stockte der Atem. Ich weiß nicht, warum, aber ich erstarrte. Es war nur ein Sekundenbruchteil, aber es fühlte sich an wie eine Ewigkeit.

Ich ließ meinen Blick über die Menge schweifen und sah meinen Großvater. Der Ausdruck in seinem Gesicht war der von absolutem Stolz, absolutem Glück, dieses schöne Lächeln, ungefähr fünf Kilometer breit. Es war, als liefe mein ganzes Leben nochmals vor meinem inneren Auge ab – vom *Bam! Bam!* der Tränengaspatronen bis zu der beißenden Hitze im *iboma*. Ich lächelte dem Alten Mann zu und ballte ein bisschen die Faust, nur um *»Danke«* zu sagen. Und dann ging ich über die Bühne, ein gebildeter Mann mit einem Anspruch auf diese Zukunft, für die wir gekämpft und gelitten hatten.

Hinterher ging ich zu ihm und Graça nach draußen, aber ich ließ mir Zeit, weil ich den Kameras immer lieber fernbleibe. Es war vorher nicht angekündigt worden, dass Madiba kommen würde, aber ein paar findige Paparazzi hatten es geahnt. Die Security hielt sie auf vernünftigem Abstand, aber viele Studenten und Angehörige wollten Autogramme und Fotos mit Madiba.

»Freut mich, Sie zu sehen.« Er streckte ihnen die Hand hin. »Ich bin Nelson Mandela.«

Auf dem Heimweg im Auto neckte ich ihn damit. »Meinst du wirklich, du müsstest dich vorstellen?«

»Ich will nicht aufdringlich sein«, sagte er. »Einmal in der Karibik kamen mir auf dem Bürgersteig ein Herr und seine Gattin entgegen. Der Herr sagt: ›Liebling, schau, da ist Mr. Mandela! Mr. Mandela!‹ Und sie: ›Oh, wofür sind Sie noch mal berühmt?‹ Ich wusste nicht, was ich auf diese Frage antworten sollte.«

Ich lachte, und er drückte mir den Unterarm.

»Gut gemacht, Ndaba.«

»Danke, Granddad.«

»Du kannst sehr stolz auf dich sein.«

Ich dachte kurz nach und beschloss, dass ich das auch war. Ich hatte erreicht, was ihm so viel bedeutete, aber letzten Endes hatte ich es doch für mich selbst geschafft – und natürlich hatte er genau das die ganze Zeit gewollt.

»Und was hast du jetzt vor?«, fragte er.

»Ich suche mir einen Job.«

»Gut, gut«, sagte der Alte Mann. »Aber zuerst wollen wir zu Mittag essen.«

Es war einmal ein Zauberbaum, der so hoch wuchs und so breite Äste bekam, dass er ein ganzes Dorf beschattete. Die Sonne war verdeckt, das Getreide wuchs nicht, und die Menschen froren und hungerten. Da sendet der Dorfälteste seinen größten, stärksten Mann aus, um den Baum zu fällen. Doch ganz oben im Baum wohnt ein Vogel, und er fängt an zu singen: »*Dieser Baum gehört mir! Dieser Baum gehört mir!*« Der Mann hört das Zauberlied, und es lähmt ihn – er bekommt einfach die Axt nicht hoch. Der Älteste schickt den zweitgrößten Mann, den drittgrößten, den viertgrößten und so weiter. Immer dasselbe. Das Zauberlied lässt jeden großen Mann jäh stecken bleiben. Unterdessen herrscht bei den Dorfbewohnern Kälte und Hunger.

»Schick deine Kinder, den Baum zu fällen«, sagte eine weise alte Frau.

Der Älteste hält sie für wahnsinnig. »Wie sollten meine kleinen Kinder einen Baum fällen, den all diese großen Männer nicht fällen konnten?«

Aber in seiner Verzweiflung schickt er doch seinen kleinen Sohn und seine Tochter, und schon bald stürzt der Baum krachend um. Die Kinder sind eben nicht so groß, wisst ihr. Sie sind näher am Erdboden, sie hören den Vogel nicht, und das Zauberlied hat keine Macht über sie.

Ich hoffe, wenn Kinder diese Geschichte hören, halten sie inne und denken nach, welche Macht in ihren Händen liegt.

»Es ist die Sache der Jugend«, sagte Madiba, »unsere Gesellschaft endgültig und abschließend aus den einengenden, trennenden Definitionen unserer Vergangenheit herauszulösen.« Das Schlüsselwort in diesem Satz ist, denke ich, *Definitionen* im Sinne einer Festlegung und einer Eingrenzung. Während die Generation vor uns noch von der Apartheid definiert war, von der Bantu-Erziehung, von der Armut, leben meine Generation und unsere kleinen Brüder und Schwestern, die frei Geborenen, nach dem neuen Wortschatz. Wir sprechen die trockene Sprache der Technologie, und wir erschaffen die Kultur, in der wir leben möchten.

Bei meinem Abschluss gingen mir all diese Gedanken durch den Kopf. Seit Jahren diskutierten Kweku und ich immer wieder die Frage, wie man Afrika in den Augen der Welt aufwerten konnte und, noch wichtiger, in den Augen der Afrikaner selbst. Jetzt fingen wir an, konkret über diesen weitreichenden Traum zu reden, der nichts anderes war als eine regelrechte afrikanische Renaissance, eine Kulturrevolution, die die ganze Macht von Bildung, Unternehmertum, sozialen Medien, Musik, Film, Fernsehen und Podcast bündeln sollte – die Technologien eben, die die Millennials einen und dabei aber die uralte, kreative Seele Afrikas atmen sollte. Beseelt von der Vergangenheit und gespannt auf die Zukunft, gründeten wir die Stiftung *Africa Rising*.

Den Startschuss gaben wir mit einem informellen Treffen. Wir riefen einfach ein paar Freunde an und luden sie ein, es ihren Freunden weiterzusagen. Wir hofften, es kämen vielleicht zehn Leute. Schließlich waren es sechzig. Es war wie ein Lichtbogen. Ich weiß gar nicht, warum es mich so überraschte. Natürlich waren Kweku und ich nicht die Einzigen, die in diese Richtung dachten. Überall in Afrika kam die Jugend, egal, zu welchem Thema – Sport, Musik, Business, Mode –, zu demselben Schluss wie wir. Sie hatten Träume und Ideen, und sie wollten Gelegenheiten und Zugang, um all das in die Wirklichkeit umzusetzen. Da standen wir in diesem Raum, lauter Unternehmer, kreative Köpfe, Changemaker und Künstler, und wir wussten, dass hier gerade etwas Wichtiges passierte. Wir waren schon mittendrin in einer Phase des Wandels.

Kweku und ich gingen zu unserem Großvater und baten ihn, als Ehrenmitglied dem Kuratorium beizutreten – wohl wissend, dass wir es mit demselben zähen Widerstand zu tun bekommen würden wie damals Branson und Gabriel, als es um die Gründung der *Elders* ging. Der Alte Mann würde nicht einfach zustimmen, nur weil er uns liebte. Wir hatten ein Konzept parat, Antworten auf logistische Fragen und eine lange Liste mit konkreten Zielen.

»Unser Ziel ist es, mit den falschen Vorstellungen aufzuräumen, die die Welt über Afrika hat«, erklärte ich dem Alten Mann. »Wir wollen das Bild verändern, das Nichtafrikaner automatisch vor Augen haben, und dadurch den Stolz, die Würde und das Selbstvertrauen junger Afrikaner stärken. Wir müssen eine funktionierende Infrastruktur aufbauen, Telekommunikation, Transportlogistik. Wir dürfen nicht darauf warten, dass irgend eine NGO sich der Sache annimmt, sondern müssen zusammenarbeiten und es für unser eigenes Volk tun. Ein wohlhabendes Afrika wird nicht von Asien oder Europa oder Amerika aus geschaffen.«

Er hörte zu, nickte. »Und wo wollt ihr anfangen?«

»Zuerst die praktischen Schritte«, sagte ich. »Bildung. Aids-Screening. Kampagnen in den sozialen Medien. Wir ziehen eine neue Generation afrikanischer Führungspersönlichkeiten heran, entwickeln Programme für Highschoolschüler und Collegestudenten. Wir gehen auf Festivals und Konferenzen. Wir gehen überallhin, wo wir können, wir reden mit allen, die wir erreichen. Wir melden uns zu Wort, wenn wir Missstände sehen, und wenn wir etwas Gutes sehen, reden wir davon, damit die Leute sich davon inspirieren lassen. Granddad, denk mal, wie anders all dieser Scheiß von 1960 gelaufen wäre, wenn ihr Instagram gehabt hättet, Facebook, Podcasts – die ganze Macht des Volkes auf zweihundert Millionen vervielfacht. Genau so können wir jetzt arbeiten. Wir können eigentlich *alles* erreichen.«

Mein Leben lang hat mein Großvater mich nie gedrängt, etwas Bestimmtes zu tun. Seine Reaktion, ob positiv oder negativ, war immer maßvoll. Er nickte nur und ließ ein umsichtiges »Gut. Sehr gut« fallen. Diesmal war es nicht anders, aber er willigte ein, als Ehrenkurator zu fungieren.

»Schreibt einen Brief«, sagte er. »Ich lasse es mir durch den Kopf gehen.«

Ich schrieb den Brief, und wir tauschten ihn mehrmals aus, um daran herumzuverbessern. Als er ihn unterschrieb, sagte er: »Ihr müsst Thabo Mbeki fragen, was er von dem Ganzen hält. Er kennt die Jugend viel besser als ich.«

Das bezweifelte ich, aber ich erinnerte mich, was mein Großvater über den kompromisslosen Spiegel gesagt hatte, den wahre Freunde einem vorhielten. Kweku und ich konnten darauf vertrauen, dass Mbeki uns ehrlich seine Meinung sagen würde.

Mehr und mehr verfiel ich in ein Muster, das man als »Verantwortungsrebellion« bezeichnen könnte. Ich war fest entschlossen, meinen eigenen Weg zu gehen, unabhängig von Madibas Fußstapfen, aber gleichzeitig fühlte ich mich ihm und dem Namen Mandela tief verpflichtet. Ich folgte nicht mehr einfach dem ersten Impuls. Ich durchdachte alles genau, bevor ich mich zu etwas äußerte oder zu handeln begann.

Während Kweku und ich weiter an den Grundlagen für *Africa Rising* bastelten, arbeitete ich tagsüber in der japanischen Botschaft und verbrachte die Abende entweder mit Recherchen am Laptop oder in Ruhe mit meinem Großvater. Wir schauten Sportsendungen, redeten über Politik oder diskutierten über die Rinder. Wenn mein Großvater irgendwohin wollte, ließ er mich gern die Sicherheitsfragen regeln. Er mochte es, wenn ich ihm seine Zeitungen brachte. Manchmal brauchte er Hilfe beim Anziehen seiner Socken. Lauter solche Kleinigkeiten.

Ich hatte eine eigene Wohnung in der Stadt, aber am Wochenende kam ich immer noch nach Hause, und so oft ich konnte, schaute ich auch sonst vorbei. Graça und ich wurden die Türsteher, die abwogen, wie wichtig Einladungen zu Reisen und Besuchsanfragen waren. Der Alte Mann wurde zunehmend gebrechlich. Der Kreis unserer Beziehung schloss sich, als ich mich mit demselben Beschützerinstinkt um ihn zu kümmern begann, mit dem er einst mich als Kind bei sich aufgenommen hatte. Ich half mit, öffentliche Auftritte und Besuche zu organisieren. Die Leute riefen mich an: »Der oder die ist in der Stadt und möchte deinen Großvater besuchen.« Er traf sich gerne mit ausländischen Politikern und Würdenträgern, und mit den meisten Stars war er auch ziemlich cool. Er liebte Mama Obama und ihre Familie und freute sich immer, wenn er seinen alten Freund Holyfield sehen konnte. In der Regel traf er sich gern mit Leuten, und als eine meiner Tanten fragte, ob er kurz R. Kelly empfangen könnte, stimmte ich zu.

Sie erzählte dem Alten Mann von R. Kellys Engagement in der Wohltätigkeit, seine Unterstützung von Afrikanern und Afroamerikanern, den Familien von Soldaten und bedürftigen Kindern. »Er ist ein brillanter Musiker und wirklich ein feiner Kerl«, sagte sie. »Er ist in Afrika, und er möchte einen Abstecher hierher machen, um dich zu treffen und etwas für dich zu singen.«

Der Alte Mann war einverstanden. Ich weiß nicht, ob er über die Vorwürfe wegen Kinderpornografie im Bilde war, die damals über R. Kelly im Raum standen, und ich wollte meiner Tante kein Bein stellen, indem ich sie erwähnte – der Musiker wurde später davon freigesprochen. Mein Granddad sagte mir, ich solle R. Kellys Leuten sein Okay geben, also tat ich das.

Am verabredeten Tag kam er mit seinem Team, wir begrüßten uns alle ganz locker und gingen zum Büro meines Großvaters. R. Kelly hätte gar nicht mehr Respekt zeigen können. »Es ist mir eine Ehre, Sie treffen zu dürfen, Sir. Danke, dass Sie sich die Zeit nehmen, mich zu empfangen, Madiba.«

Es war so verrückt. Der Alte Mann saß einfach bloß da. Er sagte kein Wort. Jemand erklärte, dass R. Kelly ein Benefizkonzert für die Special Olympics in Angola gab. Nichts. Er saß da, versteinert wie Stonehenge. Irgendwann wollte R. Kelly für Madiba singen. Im Wohnzimmer stand ein Klavier mit Rollen, also machten sich ein paar von den Security-Leuten daran, es in die Mitte des Raumes zu schieben. Als mein Großvater das sah, keifte er: »Hey! Was macht ihr da mit meinem Klavier?«

Ich legte ihm die Hand auf den Arm und sagte: »Granddad, das ist schon in Ordnung. Granddad, sie holen es nur ein bisschen näher heran, damit du besser hören kannst.«

Er grunzte nur. »Okay.«

R. Kelly setzte sich also ans Klavier, es war wunderschön, aber mitten im Lied fasste mein Großvater rüber zum Beistelltisch, holte sich seine Zeitung und faltete sie raschelnd auf. Ich dachte nur: *O Mist.* »Granddad, bitte. Lass den Mann zu Ende singen.«

Lautstark faltete er die Zeitung in seinem Schoß. R. Kelly sang zu Ende, alle klatschten. Er kam rüber und dankte Madiba, dass er ihn besuchen durfte. Jemand machte ein Foto. Der Alte Mann saß da, schweigend wie ein Fels, sodass R. Kelly schließlich mir die Hand schüttelte.

Er sagt: »Hey, Man, danke noch mal. Es war ...«

»Ndaba«, sagte mein Großvater. Er hielt die Zeitung hoch und zeigte auf das Foto eines berühmten südafrikanischen Rugbyspielers. »Weißt du, wer das ist?«

»Das ist, ähm ... Bryan Habana, Granddad.«

»Gut.«

Er schlug die Zeitung auf und folgte weiter seiner Morgenroutine, während ich alle nach draußen begleitete.

Ich wusste nicht, was ich sagen sollte. Das hier sah meinem Großvater so unglaublich unähnlich, er war fast immer respektvoll, bescheiden, großzügig und offen. Nachdem wir R. Kelly verabschiedet hatten, ging ich zurück ins Wohnzimmer und setzte mich nachdenklich neben den Alten Mann. *Was war hier gerade passiert?*

»Wie geht es dir heute, Granddad?«, fragte ich ihn. »Alles in Ordnung?«

»Gut. Mir geht es gut«, antwortete er. »Und dir, Ndaba?«

»Mir geht's gut, Granddad. Ich glaube, ich geh dann mal.«

Mir tat R. Kelly leid. Es gibt kaum etwas Schlimmeres, als seinem Helden zu begegnen und festzustellen, dass er ganz anders ist, als man dachte. Allerdings bezweifle ich ehrlich, dass es überhaupt Helden gibt, die exakt so sind, wie man sie sich vorgestellt hat. Es ist wie bei mir, als ich meinen großen Bruder so vergöttert habe. Solch ein Idol wollte mein Großvater nie sein. Sein ganzes Leben lang war und blieb er bescheiden.

Ganz ehrlich, ich wusste nicht, was ich davon halten sollte, aber ich beschloss, keine Besucher mehr ins Haus vorzulassen. Ich hatte schon einer Anfrage von Kanye West zugestimmt, musste seinen Leuten jetzt aber sagen: »Kanye ist immer noch willkommen und kann die Familie treffen, Madiba kann ihn jedoch nicht empfangen.« Soweit ich weiß, ist er nicht ausgeflippt, aber es interessierte ihn null, irgendwen von uns zu treffen, wenn er nicht den Wirklich Wichtigen Mandela treffen konnte. Solche Unterscheidungen hat mein Großvater selbst nie getroffen. Ich wusste, dass es bei R. Kelly um etwas anderes gegangen war, und zerbrach mir den Kopf darüber, was es gewesen sein könnte. Warum hatte er mir dieses Foto von Habana gezeigt?

Die Lösung kam mir ein paar Wochen später. Ich glaube, er wollte in etwa sagen: »Schau, Junge, ich treffe all diese berühmten amerikanischen Künstler, aber das ist mir egal. Denn weißt du, wer *das hier* ist? Das hier bist *du!*« Kweku und ich redeten dauernd davon, dass wir das Bild Afrikas aufwerten wollten. Stattdessen brachten wir ihn mit den schillerndsten US-Stars zusammen. Es ging nicht um R. Kelly persönlich. Vielleicht wollte mir Madiba sagen, ich solle den Blick von diesem neonfarbenen *»Amerika!«*-Zeichen losreißen und erkennen, von welch großartigen Menschen ich direkt hier in meinem eigenen Land umgeben war.

Denn die Kinder – die Jugend: *Wir* sind die, die das Zauberlied nicht hören. Wir sollen genügend geerdet sein, um zu verstehen, dass Reichtum und Ruhm nur Illusionen sind. Und wer immer ihr seid, wo immer ihr lebt – wenn ihr keine Playlist mit südafrikanischer Musik auf eurem Spotify habt, verpasst ihr echt was.

Vielleicht war es das, was mein Großvater mir sagen wollte.

Oder vielleicht hatte er bloß Verstopfung. Oder seine Socken waren verdreht. Er war schon immer sehr speziell gewesen. Das war für ihn ein Überlebensmechanismus gewesen, als er es brauchte, und als er es nicht mehr brauchte, war er es eben so gewohnt. So wie er in Qunu das Wärterhaus nachgebaut hatte. Als er aus dem Gefängnis kam, war er schon ein alter Mann. Nach dem Tod von Sisulu sagte Madiba: »Wir haben einander zugesehen, wie unsere Rücken mit den Jahren immer krummer wurden.« Jetzt war er über neunzig. Wahrscheinlich würde er sich nicht mehr ändern, und da er sein ganzes Leben dem Wohlergehen der anderen gewidmet hatte, hatte er jetzt das Recht, speziell zu sein.

Wir halfen ihm alle gern bei der Aufrechterhaltung seiner Routine: Frühstück, Zeitungen, *National Geographic*, Nachmittagstee. Hin und wieder gab es einen Schreck wegen seiner Gesundheit, und der Stress, den das bedeutete, wurde noch dadurch verstärkt, dass die ganze Welt spekulierte, er würde vielleicht sterben, wenn er ins Krankenhaus musste. Egal, ob er eine Lungenentzündung hatte oder einen eingewachsenen Zehennagel – wir konnten sicher sein, dass die Reporter uns bestürmen würden, sobald wir einen Fuß vor die Tür setzten.

Tante Maki ärgerte sich manchmal darüber. »Welcher andere Präsident musste sich so ins Privatleben reinschauen lassen? Keiner! Es hat nie einen weißen Präsidenten gegeben, der so auseinandergenommen wurde.«

Ich hätte sie darauf hinweisen können, dass es auch nie einen weißen Präsidenten gegeben hatte, der so geliebt wurde, aber wenn Tante Maki sich ärgert, lässt man ihr lieber viel Ellbogenfreiheit.

Sich um einen alten Menschen zu kümmern ist die größte Ehre, und ich versuchte, mein Leben seinen Bedürfnissen anzupassen, so gut es ging. Er reduzierte seine öffentlichen Auftritte auf ein Minimum, aber nichts konnte ihn vom Krankenhaus fernhalten, als Lewanika geboren wurde. Sämtliche Pflegerinnen und Ärzte waren völlig aufgedreht, ihn zu sehen, aber sie richteten es so ein, dass die Atmosphäre in der Geburtsstation ruhig und friedlich blieb. Er saß auf einem Stuhl, das Baby im Arm, und summte leise ein altes Xhosa-Lied. Ich wünschte, ich hätte es mir von ihm beibringen lassen. Ich kann es nicht mehr. Aber es ist noch da, irgendwo in den Tiefen von Lewanikas Geist, niedergelegt gleich neben seinem persönlichen Lebensweg.

»Wie soll ich ihn nennen?«, fragte ich.

»Nenn ihn doch Ngubencuka«, sagte er. Das ist ein Xhosa-Name, der »Wolfsdecke« bedeutet.

Ich nickte. »Das gefällt mir als zweiter Vorname. Ich glaube, sein erster Vorname sollte Lewanika sein, nach meinem Vater.«

Von da an fand ich es schwerer, von zu Hause weg zu sein, aber es passierte ziemlich viel. Ich wurde Botschafter für UNAIDS. Mit der Unterstützung der *Bill and Melinda Gates Foundation* reisten Kweku und ich nach Brasilien in die schwer mitgenommenen Favelas, wo wir mit Waisenhausbetreibern und Sexarbeiterinnen redeten und sie ermunterten, den Kampf gegen Desinformation und die Verheerungen durch Aids weiterzukämpfen. Wir versprachen unsere Hilfe, um die Mauern des Schweigens zu durchbrechen und einen Platz in der Gesellschaft einzufordern. Wir überlegten, wie die modernen Technologien sich einsetzen ließen, um die Hilfe zu den Bedürftigen zu bringen, nicht nur zu den Opfern von Aids, sondern auch von Malaria, Tuberkulose und so weiter. Der Kampf um eine höhere Lebenserwartung war uns sehr wichtig, aber es war uns völlig klar, dass wir dieses Problem – oder jedes andere Problem – nicht angehen konnten, ohne das irrwitzige wirtschaftliche Missverhältnis zwischen der kleinen, überwiegend weißen Minderheit anzusprechen, die in Südafrika fünfzehn Prozent der Bevölkerung stellten und neunzig Prozent des Vermögens besaßen.

Bei einem kurzen Zwischenstopp zu Hause half ich meinem Großvater in den Garten, wo er auf einem bequemen Stuhl sitzen und ein bisschen frische Luft atmen konnte. Er war ruhig, aber ich war völlig in Beschlag genommen von all meinen Aktivitäten.

»Das Unternehmertum ist der Schlüssel der Industrie, oder? Und der Schlüssel des Unternehmertums ist die Bildung. Ich komme gerade aus Frankreich – ein wunderschönes Land. Wohin man schaut, ist Kunst und Architektur. Großartig. Aber dann sehe ich diese Goldstatue oben auf einem Hochhaus, und ich sage mir: ›Hm. Interessant. Ich sehe nicht gerade viele Goldminen in Frankreich.‹ Eine kleine Recherche, und natürlich kommt das Gold – das von genau dieser Statue – aus Afrika. Genau genommen aus Mali. Und dann schaue ich Mali an, und ich sehe diese zermürbende Armut, und ich schaue Paris an. Da sehe ich keine Armut.«

Der Alte Mann schnaufte und hob die Augenbrauen, aber er brachte kein Wort heraus. Er hatte gerade einen hartnäckigen Husten hinter sich, nahm aber immer noch liebend gern Anteil an diesen großen Ideen und Problemen, und es tat ihm gut zu sehen, dass Kweku und ich uns dafür einsetzten.

»Ich weiß, ich weiß«, sagte ich. »Auch in Paris gibt es Armut, das weiß ich, aber ich sehe keine Pariser, die ihr Leben aufs Spiel setzen, um in einem kleinen Schlauchboot über den Atlantik nach Mali überzusetzen, oder? Die Frage ist nicht die Armut, die Frage sind die Optionen.«

»Und was willst du damit sagen?«, fragte er. »Was sagst du ihnen? ›Gebt mir mein Gold zurück! Lasst mein Volk frei!‹?«

»Nein, ich sage nicht: ›Lasst mein Volk frei.‹ Ich sage: ›Lasst mein Volk *leben*.‹ Gebt ihnen den Lohn für ihre Arbeit. Bezahlt sie fair für ihre Ressourcen. Spendet nicht drei Euro an eine Hilfsorganisation, um ihnen zu helfen. Helft ihnen, indem ihr in die afrikanische Wirtschaft investiert. Helft ihnen, Fabriken zu bauen und Universitäten und Infrastruktur.«

Im Dezember 2013 waren Kweku und ich in Marokko bei Veranstaltungen zur Vorbereitung der Weltmeisterschaft unterwegs und arbeiteten einen dichten Terminplan mit Presse- und sonstigen Auftritten ab. Da rief Tante Maki an und sagte: »Madiba ist sehr krank, Ndaba. Du und Kweku, ihr solltet heimkommen.«

»Ähm ... okay. Ja. Wir kürzen die Reise ab, aber diese Sache morgen müssen wir noch machen, Tante Maki. Da können wir nicht absagen. Wir kommen direkt danach.«

Für mich war er eine mächtige Zeder. Mein unbesiegbarer Granddad. Der Gedanke, ich würde ihn nie wiedersehen – undenkbar. Ich dachte ihn also nicht. Stattdessen dachte ich an alles, was wir am nächsten Tag erledigen mussten. Doch am nächsten Tag rief Tante Maki wieder an. Sie redete zuerst mit Kweku. Er sagte nichts. Reichte mir nur das Telefon weiter. Und ich sagte auch nichts. Hörte nur zu.

»Er ist gegangen«, sagte sie.

Die Worte schlugen mir in die Kniekehlen wie eine Axt. Ich

musste mir sagen, dass ich zwinkern musste. Weiter Luft holen. Zwei Eigenschaften haben sich mir eingeprägt, seit ich ein kleiner Junge war: Stärke und Stoizismus. Aber ich hatte schon meine beiden Eltern verloren. Ich wusste, dass dieser erste Schlag vorbeigehen würde, und dann würde eine riesige Welle der Trauer über mir zusammenschlagen, und die würde sehr lange andauern.

Ndaba, ich denke darüber nach, den Rest meines Lebens am Ostkap zu verbringen. Würdest du mit mir kommen?

Ja, natürlich, Granddad.

Gut. Gut.

Ich fuhr mit ihm ans Ostkap. Meine Familie und ich. Wir fuhren eine halbe Ewigkeit durch sanfte Hügel und über weite Savannen in die Gegend, die einst Transkei hieß. Die Kolonialregierung hatte dieses »Homeland« (treffender wäre die Bezeichnung »Reservat«, aber nur weil es zu weitläufig war, um es »Konzentrationslager« zu nennen) eingerichtet, wo sie Schwarze einlagerten, während die Regierung sie entwürdigte, ausraubte, ihre Familien zerriss und sie vom Rest der Welt abschnitt.

Und dann kam Nelson Mandela.

Akuko ranincwa lingagqimiyo kowalo unxuma (»in der eigenen Höhle brüllt jedes Tier selbst«).

Das bedeutet, dass jeder ganz allein über seinen eigenen Geist herrscht. Kein Gewicht, keine Lanze, kein Unterdrücker kann einem diese Selbstbestimmtheit nehmen. Während seiner Zeit in Robben Island schrieb mein Großvater dem Gefängnisverwalter: »Ich habe in meinem Leben nie irgendeinen Menschen als mir überlegen betrachtet, weder außerhalb noch innerhalb des Gefängnisses.«

Ihre Entschlossenheit – Ihre Wahrheit –, das ist die Stimme, die in Ihnen brüllt. Mein Großvater hat mir beigebracht, auf diese Stimme in mir zu hören.

NACHWORT

Ubuntu

Die Welt trauerte um Madiba. Die Medien waren voll mit Nachrufen und würdigenden Rückblicken. Wo immer ich hinging, hörte ich seine wohltönende Stimme. Würdenträger und Weltenlenker, der amerikanische Präsident und Prominente drängten sich auf seiner Beerdigung in Qunu, und im Fußballstadion von Soweto hatten sich Zehntausende zu einem Trauergottesdienst versammelt. Ich stand vor der Menge in Qunu und verlas die Lebensgeschichte meines Großvaters.

»Tief traurig erfuhren die Regierung und die Weltgemeinschaft vom Ableben Nelson Rolihlahla Mandelas, des Vaters der südafrikanischen Demokratie. Am 5. Dezember 2013 gegen 20:50 Uhr schlief er im Kreis seiner Familie friedlich ein. Der Mann, der zu einer weltweiten Ikone werden sollte, wurde am 18. Juli 1918 als Kind seiner Mutter Noqaphi Noseken und seines Vaters Henry Gadla Mandela in Mvezo in der Transkei geboren. Sein Vater war erster Berater im Königshaus der Thembu. Nach dem Tod seines Vaters im Jahr 1927 wurde der junge Rolihlahla von dem amtierenden König der Thembu, Häuptling Jongintaba Dalindyebo, als Adoptivsohn angenommen.

Am Königshof der Thembu formten sich seine Persönlichkeit, seine Werte und seine politischen Ansichten. Es gibt keinen Zweifel darüber, dass dieser junge Mann auf seinem weiteren Lebensweg einige der bedeutendsten und erstaunlichsten Veränderungen in der politischen Geschichte Südafrikas hervorgebracht hat. Es ist Mandela zu verdanken, dass die Welt auf Südafrika blickte und von der massiven und planvollen Unterdrückung der schwarzen Bevölkerung Notiz nahm. Und es war ebenfalls Mandela, der der Weltgemeinschaft zeigte, was »Ich halte stand« wirklich bedeutet, wie siegreich die Vergebung sein kann und wie schön die Aussöhnung. Und so ist die Geschichte Mandelas die Geschichte Südafrikas.

Mit fünfundzwanzig Jahren wurde Nelson Mandela Mitglied des African National Congress. Seine politische Laufbahn überspannte viele weitere Jahrzehnte oder, wie er selbst es ausdrückte: ›Der Kampf ist mein Leben.‹ Nebenbei ließ sich der junge Mandela zum Anwalt ausbilden. Zusammen mit Oliver Tambo eröffnete er die erste nur von Schwarzen geführte Anwaltspraxis in Johannesburg. Im Jahr 1940 beteiligte er sich maßgeblich an der Gründung der radikalen ANC Youth League, die fest entschlossen war, die politische Landschaft Südafrikas zu verändern. Mandela wurde im Jahr 1948 zu ihrem Generalsekretär und im Jahr 1952 zu ihrem Präsidenten gewählt. In den folgenden Jahren zeigte sich Mandela als zutiefst engagierter Aktivist, der sich unermüdlich für politische Veränderungen und gegen das zunehmend aggressive Apartheidregime aussprach. Er war einer der Hauptakteure der Defiance Campaign im Jahr 1952, deren Teilnehmer im Geiste des zivilen Ungehorsams bewusst gegen die Gesetze der Apartheid verstießen, und er gehörte zu den Hauptangeklagten im Hochverratsprozess von 1961. In dieser Zeit wurde er mehrmals nach den Gesetzen der Apartheid verurteilt und inhaftiert, und man verbot ihm jegliche politische Betätigung. Als er erkannte, dass der ANC sich für heftigere Kämpfe wappnen musste, wurde er die treibende Kraft hinter der Gründung eines neuen Flügels der Freiheitsbewegung, der *Umdhonto we Sizwe* (MK) genannt wurde. Mit diesem ›Speer der Nation‹ als Kern sollte sich die Organisation langfristig auf den bewaffneten Kampf vorbereiten. Mandela wurde der Oberbefehlshaber des MK.

Im Jahr 1962 verließ er Südafrika und reiste ins Ausland, um das Guerilla-Training für die Mitglieder des MK zu organisieren. Bei seiner Rückkehr nach Südafrika wurde er wegen illegalen Verlassens des Landes und Anstiftung zum Streik verhaftet. Mandela entschied sich, seine Verteidigung vor Gericht selbst zu übernehmen. Noch während er vor Gericht stand, wurde er im Rivonia-Prozess wegen Sabotage angeklagt. Hören Sie die berühmten Worte, die er im Jahr 1964 auf der Anklagebank sprach: ›Ich habe gegen eine weiße Vorherrschaft gekämpft, und ich habe gegen eine schwarze Vorherrschaft gekämpft. Mein teuerstes Ideal ist eine demokratische und freie Gesellschaft, in der alle in Harmonie und mit den gleichen Chancen leben. Für dieses Ideal will ich leben und hoffe, es eines Tages zu erreichen. Aber sollte es nötig sein, bin ich auch bereit, dafür zu sterben.‹

Im gleichen Jahr wurden Mandela und die anderen Angeklagten im Rivonia-Prozess zu lebenslangen Gefängnisstrafen verurteilt und nach Robben Island in der Nähe von Kapstadt gebracht. Die Angebote seiner Kerkermeister, dass er freigelassen würde, wenn er der Gewalt abschwor, wies Mandela zurück: ›Gefangene können keine Verträge schließen‹, sagte er. ›Nur freie Männer können verhandeln.‹ Für die Überzeugung, dass die Apartheid und ihre Ungerechtigkeiten bekämpft werden müssen, hat er insgesamt siebenundzwanzig Jahre im Gefängnis verbracht. Als er am 11. Februar 1990 entlassen wurde, widmete er sich aus vollem Herzen wieder seiner Lebensaufgabe und kämpfte unermüdlich dafür, die Ziele umzusetzen, die er zusammen mit anderen vier Jahrzehnte zuvor formuliert hatte. Im Jahr 1991 wurde Nelson Mandela auf der ersten Nationalkonferenz des ANC, die nach Jahrzehnten des Banns wieder in Südafrika stattfinden durfte, zum Präsidenten des ANC gewählt, sein langjähriger Freund und Kollege Oliver Tambo wurde dessen nationaler Vorsitzender.

Für sein Leben, das zum Symbol für den Sieg der Menschlichkeit wurde, erhielt Nelson Mandela im Jahr 1993 den Friedensnobelpreis, zusammen mit Frederik Willem de Klerk und im Namen aller Südafrikaner, die gelitten und große Opfer gebracht haben, um unserem Land Frieden zu schenken. Die Ära der Apartheid war offiziell beendet, als Nelson Mandela zusammen mit allen anderen, denen dies so lange verwehrt worden war, am 27. April 1994 zum ersten Mal wählen ging. Doch schon lange vor diesem Tag, sogar noch vor den Verhandlungen im World Trade Centre in Kempton Park, hatte sich gezeigt, dass der ANC die Zukunft Südafrikas zunehmend mitbestimmen würde.

Nelson Rolihlahla Mandela wurde am 10. Mai 1994 als Präsident eines demokratischen Südafrika vereidigt. Auch nach der Durchsetzung der Demokratie in Südafrika setzte sich diese weltweit bekannte Ikone unermüdlich für die weitere Verbesserung der Lebensverhältnisse ein. Als Mandela sich aus der Politik zurückzog, richtete er sein Augenmerk auf soziale Themen wie HIV und Aids und das Wohlergehen der Kinder in diesem Land. Als Ausdruck seines überlegenen politischen Intellekts, seiner Weisheit und seines kompromisslosen Einsatzes für die Verbesserung der Welt gründete Mandela die renommierte Gruppe *The Elders*, einen unabhängigen Zusammenschluss bedeutender Führungspersönlichkeiten aus der ganzen Welt, die ihre Erfahrungen und Einflussmöglichkeiten in die Waagschale werfen, um den Frieden voranzubringen, um bei der Bekämpfung der wichtigsten Ursachen menschlichen Leids zu helfen und um für das gemeinsame Interesse der Humanität einzutreten.

Mr. Mandela hinterlässt seine Frau Graça, drei Töchter, achtzehn Enkel und zwölf Urenkel.«

Erleichtert, dass ich es bis zum Ende geschafft hatte, faltete ich meinen Zettel zusammen, holte tief Luft und rief: *Amandla!* (»Die Macht!«). Und meine Familie antwortete: *Ngawethu!* (»Ist unser!«).

Neun Jahre vorher, im Jahr 2006, war eines Tages Laila Ali, die Tochter von Muhammad Ali, zu Madiba zu Besuch gekommen. Der Alte Mann hatte ihr die Hand geschüttelt und gesagt: »Ich war selbst ein Kämpfer.« Das war unbestreitbar. Wenn nötig, konnte er knallhart sein, aber er war klug, als er ins Gefängnis kam, und weise, als man ihn entließ. Diesen Unterschied habe ich nicht immer sehen können, aber ich sehe ihn nun und hoffe sehr, dass auch ich eines Tages dort hingelange.

Ich lebe noch immer in unserem Haus in Houghton. Es ganz allein in Schuss zu halten ist schwierig, aber ich bekomme es hin. Tag für Tag wünsche ich mir Mama Xoli zurück, aber sie ist jetzt zu Hause bei ihrer eigenen Familie. So hat sie es sich gewünscht. Verdient hat sie es allemal. Im Büro des Alten Mannes ist alles noch genau wie immer, aber drumherum geht das Leben weiter. Am Wochenende sind meine Kinder hier. Sie laufen herum und spielen, und falls die Seele meines Großvaters noch etwas unter uns weilt, dann genießt er es sehr, ihr Lachen zu hören, da bin ich mir sicher. Unsere Familie hat sich sehr schwergetan, seit wir unser Oberhaupt verloren haben, aber Kummer ist für diese Familie nichts Neues. Die Mandelas sind stark. Die Mandelas sind widerstandsfähig. Die Mandelas halten stand.

Wie die meisten Südafrikaner sind alle in unserer Familie sehr gesellig. Wir sind Gemeinschaftsmenschen. Ich mache praktisch nie etwas ganz für mich allein. Ich würde nie alleine mittagessen gehen. Natürlich ist das eigentlich etwas ganz Normales, aber die Leute hier würden sofort fragen: »Oh, Ndaba, ist alles in Ordnung bei dir? Geht's dir gut? Warum bist du allein?« Kein Mensch geht hier alleine essen. So ist unsere Kultur, und ich mag das verdammt gern. Ich könnte überall auf der Welt leben, Hauptsache, ich hätte gute Gesellschaft. Für mich ist das mehr als eine Floskel, denn ob es irgendwo schön ist, hängt für mich einzig und allein von den Menschen ab. Wir mögen nette Partys, einen schönen Geburtstag, das Essen mit der Familie an Feiertagen.

Während ich dies schreibe, planen wir die Feierlichkeiten zu Madibas hundertstem Geburtstag. Es wird im wahrsten Sinne des Wortes eine »Party all over the world« werden, wie im Song.

Ich glaube an *Ubuntu*, das grundsätzliche Aufeinanderangewiesensein der Menschen. Und das nicht nur, weil mein Großvater während meiner prägenden Jahre diese Idee in mich einpflanzte. »*Ubuntu* ist, wenn ein Fremder in dein Dorf kommt und nicht um Essen und Trinken bitten muss«, sagte Madiba. Das ist wahr. Mein Bauchgefühl bestätigt es mir, und ich kann *Ubuntu* täglich um mich herum beobachten. Ich glaube fest daran, dass sich unsere Welt zum Positiven verändern wird, aber ich weiß auch, dass diese Veränderung von Einigkeit, gegenseitigem Verständnis und entschlossenem Handeln begleitet werden muss.

Es geht bei *Ubuntu* nicht nur darum, dass man das, was man hat, mit anderen teilt, sondern darum, dass man die Bedürfnisse des anderen erahnt und sein eigenes Haus so gut in Schuss hat, dass man in der Lage ist, sich um andere zu kümmern. Der erste Schritt zur Verbesserung der Gemeinschaft, in der man lebt, besteht darin, sich auf immer bessere Weise sich selbst zuzuwenden. Erst stärkt man sich selbst, dann reicht man anderen seine helfende Hand.

Wir leben in *einer* Welt, und alles hängt mit allem zusammen, aber wir müssen dafür sorgen, dass uns klar wird, wie wir miteinander umgehen. Wir müssen Wohlstand für alle anstreben. Wir müssen dafür kämpfen, dass sich der Graben zwischen Arm und Reich schließt. Wir können nicht Terrorismus mit Terrorismus bekämpfen, und wir können diese Schlacht nur gewinnen, wenn wir an einem Strang ziehen.

Dass unserer Regierungen uns diese Aufgabe nicht abnehmen werden, liegt auf der Hand. Wir müssen die Welt verändern, indem wir bei uns selbst beginnen und von dort aus immer stärker nach außen arbeiten. Wir müssen unser Schicksal selbst in die Hand nehmen und es nicht denjenigen überlassen, die denken, dass sie alle Macht haben. Sie haben sie nicht. Ich selbst bin der lebende Beweis dafür, denn ich wurde in die Apartheid hineingeboren, und nun bin ich frei. Sie haben meine Fesseln nicht freiwillig gelöst. Jemand musste für mich eintreten. Jemand musste kämpfen.

Ich möchte Ihnen etwas vorschlagen – einen kleinen Selbstversuch: Stehen Sie genau jetzt kurz auf – im Bus, im Flugzeug, in der Bibliothek, auf dem Schulhof, allein in Ihrem Zimmer –, strecken Sie Ihre Hände der Zukunft entgegen und sprechen Sie die folgenden Worte zu dem Menschen, der Sie morgen sein werden:

Es liegt in unserer Hand.
Es liegt tatsächlich in unserer Hand,
die Welt zu verändern.
Gemeinsam schaffen wir alles.

Okay. Sie können sich wieder hinsetzen. Und? Wie war's? Hat jemand Ihnen zugelächelt? Haben Sie ein Gespräch angefangen?

Oder in den Kopf eines Mitmenschen die Vorstellung gepflanzt, was alles möglich ist?

Mir wurde die einmalige und außergewöhnliche Chance gegeben, Menschen mit einer Botschaft zu erreichen, die die neuen Ideen mit dem Vermächtnis meines Großvaters von Frieden, Hoffnung und positiver Veränderung kombiniert. Ich reise unentwegt in die verschiedensten Länder dieser Erde und halte Vorträge vor einer wachsenden Anzahl von jungen Menschen, die nach Inspiration und Veränderung lechzen. Während sich die sozialen Medien und das Internet überall auf der Welt verbreiten, wird Madibas zeitlose Botschaft noch in vielen kommenden Generationen ihren Widerhall finden.

Als Ratgeber und als Vater teile ich mit meinem Großvater ein Gefühl der tiefen Dankbarkeit, der Hoffnung und der Verantwortung. Ich wünschte, der Alte Mann könnte Lewanika sehen – er ist jetzt sieben Jahre alt, fängt gerade an zu lesen und ist stets bereit, sich schützend vor seine kleine Schwester zu stellen. Ich sehe in meinen Kindern all die Möglichkeiten, die meine Eltern und Großeltern in mir gesehen haben. Und ich werde mich weiter bemühen, der Mensch zu werden, den sie in mir sahen, und meinem Sohn das vorleben, was mir vorgelebt wurde – und während ich ihn hochhebe, weiß ich, dass er eines Tages auf den Berg gehen und als Mann zu mir zurückkehren wird.

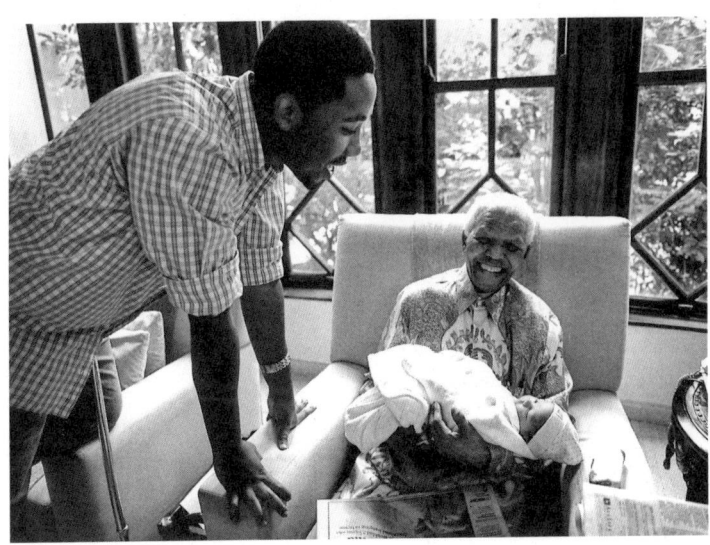

ANMERKUNGEN UND QUELLEN

1 Nelson Mandela, *Meine afrikanischen Lieblingsmärchen*, C. H. Beck, München 2004, S. 7.
2 Nelson Mandela, *Der lange Weg zur Freiheit*, Fischer TB, Frankfurt a. M. 1997, S. 802 (übersetzt von Günter Panske).
3 Ebd.
4 Ebd., S. 835.
5 Auf Deutsch:
  Herr, segne Afrika,
  dass sein Geist uns hoch erhebe ...
6 Jes 11,6 (Lutherbibel 2017).
7 Mit diesen Worten weigert sich der Hauptdarsteller der Serie, ein schwarzer Clown, Rollenklischees zu erfüllen, und schlägt mit einem Geldstrumpf auf sein Gegenüber ein.
8 Nelson Mandela, *Bekenntnisse*, Piper, München 2010, S. 173 f.
9 Ebd.

DANK

Alles in diesem Buch entspricht der Wahrheit meiner persönlichen Erinnerung. Dialoge wurden zu dramaturgischen Zwecken aus Briefen, Videos und öffentlich verfügbaren Aufzeichnungen rekonstruiert, wobei ich mein Bestes gegeben habe, dem Geist der hier dargestellten Gespräche, Ereignisse und Beziehungen aus meiner ganz individuellen Perspektive heraus gerecht zu werden. Selbstverständlich können sich die persönlichen Erinnerungen anderer von meinen unterscheiden, das respektiere ich. Mein bisheriger Lebensweg hat mich viel über Geschichte, Politik und Ökonomie gelehrt, und in diesem Buch teile ich mit dem Leser meine Meinung dazu, respektiere die Meinungen anderer aber gleichermaßen. Obwohl ich hier ganz offen über meinen Konsum von Marihuana spreche, heiße ich weder den Alkoholkonsum von Minderjährigen gut, noch unterstütze ich den Konsum von Marihuana unter einundzwanzig Jahren oder irgendeine andere Form von Drogenmissbrauch. Nichts von dem, was hier beschrieben wird, sollte als medizinisch oder juristisch fundierte Information, als Zeugnis oder Ratschlag interpretiert beziehungsweise missinterpretiert werden. Meine Ansichten reflektieren nicht zwangsweise die Überzeugungen von *Africa Rising*, UNAIDS, der Familie Mandela oder anderer Organisationen, für die ich arbeite oder als Gastredner tätig bin. Ich bedanke mich bei meinem Agenten Albert Lee und seinem Team bei Aevitas Creative, bei meiner Lektorin Michelle Howry und ihrem Team bei Hachette sowie bei meiner Co-Autorin Joni Rogers und ihrer Agentin Cindi Davis-Andress.

Ich danke dem allmächtigen Gott, dass ich über die letzten zwei Jahre an diesem Projekt, das nun Früchte getragen hat, arbeiten durfte, aber auch für das Allerwertvollste in meinem Leben, für meine beiden wundervollen Kinder. Sie sind mir Inspiration und Motivation zugleich. Euer Daddy ist nicht perfekt. Ich habe viele Fehler gemacht und euch immer wieder enttäuscht – und das womöglich nicht zum letzten Mal –, aber ihr müsst wissen, was auch geschieht, euer Vater liebt euch mehr als alles andere auf der Welt. Und ich möchte mich bei Khomotso bedanken, der Mutter meiner Kinder, dafür, dass sie ihnen eine so gute Mom ist und sich um meine geliebten Kleinen kümmert.

Danke, Andile, dass du immer für mich da und einfach nur ein sehr, sehr guter Bruder bist. Mbuso, ich hoffe, du liest dieses Buch und lernst etwas daraus. So viel wir uns auch streiten mögen, ich bin und bleibe dein großer Bruder. Respektieren wir einander, denn mehr als gegenseitiger Respekt bleibt uns nicht. Sei mir nicht böse, Mbuso, wenn ich dich nach der Schule oder deinen Kindern frage. Ich tue das nur zu deinem Besten. Wir alle brauchen hin und wieder einen kleinen Tritt, um bessere Menschen zu werden. Niemand ist vollkommen. Und, Mandla, niemand ist eine Insel. Hör anderen zu und nimm ihren Rat auch an. Es wird dir helfen, bessere Entscheidungen zu treffen. Unser Großvater hat viel von Vergebung gesprochen, etwas, das wir von ihm und aus seinem Leben lernen können. Wir sind die rechtmäßigen Erben des Namen Mandela, aber wir sind nicht die einzigen Mandelas. Wer viel Macht und Einfluss hat, trägt eine große Verantwortung, Bruder. Wir haben die Pflicht, unser großes Erbe fortzuführen und dafür zu sorgen, dass es Früchte trägt. Aber dazu müssen wir es teilen, so wie auch unser Großvater seine Macht mit seinem Land, Afrika, und mit der ganzen Welt geteilt hat.

Danke, Tante Maki, dass du für mich da bist. Bleib stark, es liegt noch ein langer Weg vor uns. Ich liebe dich, Mama Bär. Tukwini, meine Schwester, wo wäre ich heute ohne deine Unterstützung? Ich weiß, dass du immer hinter mir stehst. Kweku, mein Bruder, du weißt Bescheid. Wir haben diese Sache angefangen, und wir werden weitermachen, solange es geht, das heißt, bis ans Ende unseres Lebens, Bruder. *Gada Gada*, es ist eine Berg- und Talfahrt, aber zusammen werden wir mehr erreichen, als wir uns je vorgestellt hatten. Wenn Grandma Winnies Tod uns irgendetwas gelehrt hat, dann dass wir männliche Oberhäupter dieser Familie sind. Erinnerst du dich, was sie uns über das Apartheid-Museum gesagt hat? Damals hat sie nicht nur von dem Museum gesprochen, sondern vom ganzen Land, mein Bruder. Dem Rest der Familie möchte ich sagen: Ich liebe euch alle. Auch wenn wir nicht immer einer Meinung sind, sollten wir uns gegenseitig unterstützen, wo wir nur können. Slege Mistro the God, Dice Makgothi, habt keine Angst vor eurer Bestimmung. Ihr seid stärker, als ihr glaubt. Ihr wisst, ich werde alles tun, was in meiner Macht steht, damit ihr euer Ziel erreicht, und bin überzeugt, ihr werdet für mich dasselbe tun.

Meinen südafrikanischen Landsleuten möchte ich sagen: Wir sind weit gekommen, aber unser Kampf ist noch nicht zu Ende. Heute kämpfen wir für unsere wirtschaftliche Unabhängigkeit. Landbesitz ist ein wichtiger Teil des Wideraufbaus, aber der kann, ohne dass wir uns die dafür entscheidenden Fähigkeiten aneignen, nicht funktionieren. Man hat uns ein gespaltenes Land hinterlassen, und nur weil wir dieses Land nun besitzen, wird sich das Blatt in der Wirtschaft nicht wenden. Ohne Einheit und eine Wiederbelebung der Solidarität untereinander, meine afrikanischen Brüder und Schwestern, werden wir unser Ziel nicht erreichen, und Afrika wird niemals sein, was es sein sollte: ein geeinter und florierender Kontinent. Wir selbst sind unser größter Feind. Gespalten werden wir untergehen. Gemeinsam werden wir uns erheben. An alle in der weltweiten Diaspora: Wir brauchen euch, so wie wir uns gegenseitig brauchen. Erfahrt mehr über eure Wurzeln. Reist zu euren Ursprüngen. Lächelt, wann immer ihr einen anderen Afrikaner seht. Wer weiß, wohin uns das führen wird? Wahre Größe findet sich in jedem von uns. Das habe ich von Nelson Mandela gelernt. Lasst uns unseren Platz auf dieser Erde einfordern und die Völker dieser Welt daran erinnern, dass wir alle Menschen sind und ein gemeinsames Schicksal teilen. Vergesst eure Vorurteile. Die Welt dreht sich nicht um euch. Die Menschheit darf nicht immer wieder dieselben Fehler machen. Es wird Zeit, dass wir unseren Weg als ein Volk weitergehen, und das ist nur möglich, wenn wir zusammenarbeiten.

Ndaba Mandela
Johannesburg, Südafrika, 2018

ÜBER DEN AUTOR

Der Autor und Aktivist Ndaba Thembekile Zweliyajika Mandela ist sowohl auf dem afrikanischen Kontinent als auch auf dem Gebiet der internationalen Politik ein einflussreicher Betreiber des politischen und wirtschaftlichen Wandels. Er wurde 1982 in Südafrika geboren, als sein Großvater, Nelson Mandela, bereits das dritte Jahrzehnt auf Robben Island in Haft saß. Seine frühe Kindheit verbrachte Ndaba in der Transkei, Durban und Johannesburg im Kreise einer lebhaften Großfamilie, der auch viele legendäre Aktivisten des Afrikanischen National Kongress angehörten. Als Zeuge sowohl der schockierenden Misshandlungen durch das Apartheidregime als auch des vielschichtigen Kampfes zur Abschaffung der Apartheit, war Ndaba schon früh den radikalen Idealen des demokratischen Widerstands ausgesetzt und entwickelte ein waches politisches Bewusstsein, das weit über die Tränengasangriffe und Polizeirazzien in seinem Viertel in Soweto hinausging.

Seinen Großvater traf Ndaba zum ersten Mal 1989 im Victor-Verster-Gefängnis, nur wenige Monate bevor Nelson Mandela wieder ein freier Mann war. Im Jahr 1993, kurz bevor er zum ersten schwarzen Präsidenten eines demokratischen Südafrika gewählt wurde, nahm Nelson Mandela seinen Enkel Ndaba zu sich. Für seine Enkelkinder da sein zu können war für Mandela ein großes

Glück, das ihm bei seinen eigenen Söhnen und Töchtern verwehrt war. Für Ndaba war es nicht immer einfach, von einer Legende erzogen zu werden. Dennoch überstand er seine teils schwierigen Jugendjahre schadlos und studierte an der Universität von Pretoria Politikwissenschaften und Internationale Beziehungen. Nach seinem Abschluss 2009 begann er seine Karriere als politischer Berater der japanischen Botschaft in Südafrika und Kundenberater eines internationalen Konzerns für Vermögensverwaltung.

Ndaba und sein Cousin Kweku Mandela sind die Begründer von *Africa Rising*, einer gemeinnützigen Stiftung, die alle Afrikaner, ungeachtet ihrer Hautfarbe, sexuellen Orientierung, politischen Überzeugung oder ihres Glaubens, dabei unterstützen will, sich den im Wandel befindlichen sozioökonomischen Herausforderungen erfolgreich zu stellen. In den ersten zehn Jahren nach seiner Gründung widmete sich *Africa Rising* überwiegend Projekten und Medienkampagnen zu kritischen Themen wie Aids, Jugendarbeitslosigkeit und Bildung. Ein Ziel der nächsten zehn Jahre ist die Ausbildung von »100 Mandelas« in einem Programm für Führungskräfte, das sich auf die Prinzipien und proaktiven Strategien Nelson Mandelas stützt. Erst kürzlich vom Fernsehsender BET zu einem von »28 Männern des Wandels« gewählt, ist Ndaba Mandela ein leidenschaftlicher Kämpfer für die Entwicklung Afrikas als geeintem Kontinent und unterstützt die Ausbildung einer weltweit aktiven neuen Generation von jungen Afrikanern. Er bereist die ganze Welt und spricht vor seinem Publikum über Fortschritt und Einheit und seine Organisation Mandela Legacy. In seiner Freizeit, die er am liebsten mit Freunden oder im Kreis der Familie verbringt, beschäftigt ihn in erster Linie die Erziehung seiner Kinder, und dabei leitet ihn eine tiefe Überzeugung, die er seinem Großvater verdankt: »Gemeinsam können wir alles erreichen.«